KB124300

OFFICIAL SELECTION
COMPETITION
FESTIVAL DE CANNES

제71회 칸 국제영화제 경쟁부문 진출작

주요 수상 및 선정 내역

제71회 칸 국제영화제 국제비평가연맹상, 벌컨상(신점희)

제55회 대종상영화제 최우수작품상

제55회 백상예술대상 영화부문 예술상(홍경표)

제38회 한국영화평론가협회상 한국본부상, 촬영상

제27회 부일영화상 최우수감독상, 음악상(모그)

제45회 새턴상 최우수국제영화상

제25회 아다나 국제영화제 국제경쟁부문 최우수작품상

제22회 토론토 영화비평가협회상 최우수외국어영화상

제44회 LA영화비평가협회상 최우수외국어영화상

제1회 런던영화주간 최우수작품상, 감독상, 각본상

제12회 아시아태평양스크린어워즈 심사위원대상

제7회 키웨스트 영화제 최우수외국어영화상

제90회 전미 비평가위원회 외국어영화 Top 5

제16회 아메리칸 필름 어워즈 최고의 드라마 영화

제13회 아시안 필름어워즈 감독상, 공로상

제38회 벨기에 영화기자연합 그랑프리

제14회 오스틴 영화비평가협회상 최우수외국어영화상

제16회 인터내셔널 시네필 소사이어티 각색상

제4회 프랑스비평가협회 선정 최우수 외국어영화상

《가디언》선정 21세기 100대 영화

《씨네21》2018 올해의 한국영화, 올해의 감독, 올해의 촬영감독

《코리안스크린》가장 위대한 한국영화 1위

《LA타임스》2018 올해의 영화 1위

《뉴욕타임스》2018 올해의 영화 Top 10

《카이에 뒤 시네마》2018 올해의 영화 Top 10

《롤링스톤》2018 올해의 영화 Top 20

나한테는
세상이 수수께끼 같아요.
— 종수의 대사 중에서

경이로운 메타포의 불꽃

무라카미 하루키의 〈헛간을 태우다〉를 처음 읽은 건 대학을 졸업할 무렵이었다. 메타포의 세계에서 현실의 세계로 나아가기 직전의 일. "헛간을 태웁니다."라던, 소설 속 남자의 말이 불꽃처럼 확 일어나던 순간을 기억한다. 그건 세상 어디에도 없는, 소설 속 메타포의 불꽃이었으나, 어떤 사람들은 그런 불꽃에도 타버리고 만다는 사실을 알았다.

그로부터 20여 년이 지나 홍대 앞의 한 극장에서 이창동 감독의 영화 '버닝'을 봤다. 내게는 늘 영화 이상의 것을 보여준 분이었고 그날도 예외는 아니었다. 낮이었고, 관객은 생각보다 많지 않았다. 영화를 다 보고 나니 한 계절은, 어쩌면 한 시절은 족히 지나간 듯했는데 밖에 나오니 여전히 날이 환했다. 그 환한 빛이 거추장스러워 근처 술집에 들어가 술을 마셨다.

술집은 적당히 어두웠다. 비로소 마음이 놓였다. 술을 마시며 이제쯤은 그 불꽃에 대해 말할 수 있겠다는 생각이 들었다.

메타포의 불꽃이 어떻게 현실을 일으키고, 또 그 현실을 소멸시키는지에 대해서. 어떻게 이 세상이 만들어지고 또 사라지는지에 대해서. 솜씨 좋은 예술가가 메타포를 현실로 창조하는 과정을 지켜보는 것은 언제나 경이롭다. 시나리오를 다시 읽으니 그 경이가 다시 눈앞에 펼쳐지는 기분이다.

김연수(소설가)

• 소설가 김연수는 1993년 《작가세계》 여름호에 시를 발표하고, 1994년 장편소설 《가면을 가리키며 걷기》로 제3회 작가세계문학상을 수상하며 본격적인 작품 활동을 시작했다. 장편소설로 《일곱 해의 마지막》, 《밤은 노래한다》, 《파도가 바다의 일이라면》 등이, 소설집으로 《스무 살》, 《나는 유령작가입니다》, 《세계의 끝 여자친구》 등이, 산문집으로 《시절일기》, 《언젠가, 아마도》, 《청춘의 문장들》 등이 있다. 동서문학상, 동인문학상, 황순원문학상, 이상문학상을 수상했다.

버닝

오정미, 이창동 각본집

원작·무라카미 하루키

아를

일러두기

- 이 책에 수록된 시나리오는 영화 '버닝'(2018)에 담기지 않은 장면들이 모두 포함된 무삭제 오리지널 버전이다.
- 국립국어원의 한글 맞춤법에 따르는 것을 원칙으로 했으나, 일부 지문과 대사는 작가의 표기를 그대로 살렸다.
- 본문에 수록된 현장 스틸 중 별도 저작자 표기가 되어 있지 않은 사진은 모두 사진 작가 주재범과 문민이 촬영한 것이며, 파인하우스필름㈜이 제공했다.
- 현장 스틸에 포함된 텍스트는 오정미의 작가 노트와 촬영 일지에서 발췌한 것이다.
- 영화 제목은 작은따옴표(' '), 책 제목은 겹화살괄호(《 》), 단편소설은 홑화살괄호(〈 〉)를 사용했다.
- 이 책에 나오는 주요 시나리오 용어는 다음과 같다.
  - 인서트(Insert): 씬이 진행되는 중간에 특정 사물이나 상황을 강조하기 위해 삽입한 화면.
  - 오프스크린 사운드(O.S: Off-screen Sound): 인물은 보이지 않고 목소리만 들림.
  - 컷투(Cut to): 컷이 바뀌는 것.
  - 필터(F: Filter): 전화기에서 들리는 것처럼 필터를 거쳐 들리는 목소리.
  - 팬(Pan): 카메라 위치를 고정한 채 왼쪽 또는 오른쪽을 보도록 옆으로 움직이는 것.
  - 페이드아웃(F.O: Fade Out): 화면이 차차 어두워짐.
  - 프레임인(Frame in): 화면 속으로 인물 등의 피사체가 들어옴.

차례

영화를 찾는 고요한 마음

나는 시나리오를 믿는다. 좀 이상한 말처럼 들릴 수 있겠지만, 나는 시나리오란 영화 안에서 보이게 된 것들은 물론 보이지 않게 된 것들까지 다 담고 있는 최선의 예언 같은 것이라고 생각한다.

또한 나는 감히 이렇게 말하고 싶다. 영화란 것도 의외로 그렇게 눈에 잘 보이는 것은 아니라고. 내가 생각하는 영화는 오히려 내 눈앞을 지나가버리는 과정 같은 것이다. 마치 삶에서 만난 어떤 사람들이 나를 지나가버리듯이.

좀 더 과격하게 말하자면, 영화에서 보이는 것들은 실은 보이지 않는 것들을 담으려던 와중에 결국 남게 된 것들이라고나 할까……? 극장에서 상영되고 난 이후의 영화라면 더욱 그러한 것 같다. 빛이 꺼지면 영화는 사라진다. 그러나 그것은 이 세상 어딘가에 있는 누군가에게는 희미한 잔상으로 남아서, 기필코 그의 삶이 되어버린다. 나는 이런 게 바로 영화라고 믿는다. 영화는 선명히 잘 보이는 화질이나 캡처해야 할

앵글이 아니고, 누군가의 소유물이나 재능 트로피 같은 것은 더더욱 아니다. 그보다 영화는 모두에게 허락된 시간과 같은 것이고, 시나리오는 바로 그러한 영화를 찾는 고요한 마음 같은 것이다.

나의 스승 이창동 감독은 평소 아주 어려운 이야기도 쉬운 방식으로 하기를 좋아하고 또 그 방면에 놀라운 능력을 가진 분이다. 그래서 이 각본집에 이런 식의 관념적인 이야기들이 실리는 걸 달가워하지 않을 수 있겠지만, 실은 그가 나에게 이러한 생각의 씨를 주었다. 몸소. 그의 카메라는 매 순간 보이지 않는 것들을 담으려는 시도를 하고 있다. '버닝'은 그 클라이맥스다. 현재까지는. 나는 그렇게 생각한다.

어쨌든 세상은 점점 눈에 보이지 않는 것들에게 불리한 방향으로 돌아가는 것 같다. 이제는 눈에 보이는 것들마저 그저 휙휙 스쳐 지나갈 뿐이다. 무엇이든 빨리 지나가는 게 의미가 있기라도 한 것처럼, 그렇게 다 같이 맹목적으로 달린다. 그런데 어디로? 우리 모두가 아는 분명한 목적지는 결국에는 한 곳뿐인데……. 그냥 말해도 될까? 죽음이라는 절벽 말이다. 영화 역시 유행에 민감한 멋쟁이답게, 뒤질세라 미친 듯이 그 절벽으로 치닫고 있다. 더구나 요즘은 영화의 종말보다 인류의 종말이 먼저 오지는 않을까를 걱정할 지경이니, 그저 한낱 영화에게는 말 한 번 걸어볼 틈조차 없는 것 같다.

얼마 전 문을 닫은 서울극장에 들어가 볼 기회가 있었다.

나는 단상 위로 올라가서 괜히 한번 스크린을 만져보았다. 그것은 그냥 아무것도 아닌 흰 막 같았다. 빛에 물들기 전까지는 죽어 있는 시체나 다름이 없다. 그런데 그것을 확인하고 나니 새삼 나는 계속해서 영화를 만들고 싶어졌다.

사실 나는 영화를 만든다는 말을 별로 좋아하지는 않는다. 왜냐하면 우리가 영화를 만드는 것보다 우리 눈앞에서 영화가 만들어진다고 하는 것이 실제에 더 가깝기 때문이다. 영화 만드는 사람에게 영화는 도무지 통제 불능이다. 그래서 "영화를 만든다."보다는 차라리 "영화를 겪어낸다." 내지는 "영화를 살아낸다."는 말이 더 어울릴지도 모른다. 솔직히 말해 나는 영화가 좀 무섭다.

지금도 가끔씩 나는 파주에서의 새벽 촬영에 대해 생각하는데, 그때 나는 새벽 네 시 반에 혼자서 차를 몰고 눈 나리는 텅 빈 자유로 위를 달려야 했다. 또 좁은 시골 도로 갓길에 차를 기우뚱 세워두기도 했고, 살얼음이 낀 논두렁 위로 걸어가기도 했다. 때로는 정말로 컴컴해서 눈앞이 보이지 않았고, 그럴 때면 내딛는 발걸음마다 어쩐지 허공 같았다. 하지만 조금만 더 가면 곧 사람들의 목소리가 들려올 것을 알았기에 계속해서 앞으로 나아갈 수 있었다.

그 새벽 우리의 머리 위로는 무한한 암흑이 열려 있었는데, 그것은 우리가 손안에 쥐고 켰다 껐다 할 수 있는 검은 액정 화면과는 비교도 할 수 없이 크고, 또 여전히 이해할 수 없는 미지의 것이었다. 우리 피부가 얇은 문명인들은 그저 추위에 벌벌 떨며 시린 눈을 부릅뜬 채로, 오직 약간의 빛이 있기만을 기다리고 있었다.

'버닝'과 함께한 시간은 대체로 어두웠다. 어두운 것이 반드시 나쁜 것은 아니었다. 때로 어둠은 많은 것들을 찬찬히 보게 해주었으니까. 또한 그것은 너무 밝은 빛은 종종 우리의 눈을 속인다는 것을 다시 한번 깨닫게 해주었다.

어쨌든 이제는 진심으로 마침표를 찍고 싶어졌다. 나에게는 이 책이 그 마침표가 될 것이다. 마음속 냉혹한 신으로부터 벗어날 때와 같은 심정으로, 나는 '버닝'의 잔상을 몸에 담고 다시 한번 새로운 곳으로 가고 싶다.

'버닝'의 어둠을 기억하겠다.

2021년 12월
오정미

낯선 세계에 필요한 새로운 이야기

나는 늘 영화를 만든다는 것은 운을 만나는 것이라고 말하지만, 영화 '버닝'이 만들어지게 된 전 과정은 그야말로 운이 많이 작용했던 것 같다.

일본 NHK에서 무라카미 하루키의 단편소설로 영화를 만드는 프로젝트를 제안해온 것은 '시' 이후 어떤 영화를 찍어야 하는가 하는 고민이 점점 깊어갈 때였다. 그동안 숱한 이야기를 붙들고 있었고, 그중에는 연출부를 꾸려서 프리프로덕션까지 간 프로젝트들도 있었으나, 모두 마지막 순간에 접어야 했다. 매번 '이게 꼭 내가 해야 하는 영화인가?' 또는 '이게 지금 사람들에게 필요한 이야기인가?' 하는 근본적인 의심으로부터 확신을 얻지 못했기 때문이었다.

NHK의 제안을 받았을 때 처음에는 젊은 감독에게 기회를 주고 제작에만 참여할 생각이었고, 실제 몇몇 감독과 작업을 시작하기도 했으나 여러 가지 사정으로 결국 성사되지 못했다. 〈헛간을 태우다〉라는 단편을 읽고 내게 직접 연출해보는 것이 어떻겠느냐고 제안을 해온 것은 오정미 작가였다. 오정미 작가는 그 몇 년 동안 나와 함께 지금 우리가 살고 있는 이 세계의 알 수 없는 진상을 드러낼 수 있는 이야기를 찾고 있었다. 숱한 이야기가 우리를 거쳐 갔고, 어떤 것들은 시놉시스나 트리트먼트로, 어떤 것은 시나리오 초고 형태까지 만들어지기도 했으나, 지금 이 세계의 '알 수 없는 그 무엇'을 드러내기에 뭔가 부족하다고 느껴졌다. 말하자면 우리는 이 낯선 세계에 필요한 새로운 이야기를 찾고 있었던 것이다. 그리고 그녀는 〈헛간을 태우다〉의 짧고 모호한 이야기 속에서 그동안 우리가 찾아온 이야기로 확장할 통로를 발견했던 것이다.

막상 이야기가 정해지자 시나리오를 쓰는 데는 그리 오래 걸리지 않았다. 2016년 봄에 시나리오가 탈고되었고, 그해 가을에 촬영에 들어갈 예정이었다. 스태프를 구성해서 주요한 배역들을 캐스팅하고 오픈세트를 완성하는 등 촬영을 위한 만반의 준비를 마쳤으나, 예기치 못하게 NHK와 무라카미 측과의 저작권 합의가 지연되는 바람에 가을 배경으로 촬영하는 것이 어려워지고 말았다. 촬영은 부득이 1년을 미룰 수밖에 없었다.

그 1년간의 유예가 지금의 '버닝'으로 만들어지는 데 결정적인 운으로 작용했다. 기다리는 1년 동안 이야기가 숙성하면서 시나리오를 고쳐 쓰게 된 것이다. 처음 시나리오에서 주인공 종수는 택배 알바를 하는 공시생이었으나, 새로운 버전에서는 작가 지망생으로 바뀌었다. 즉 알 수 없는 세상에 분노하는 청년에서 자기만의 이야기를 찾기 위해 세상을 바라보고 질문하는 인물로 바뀌었다. 작은 미스터리가 더 큰 미스터리로 확장되는 구조에다 서사와 영화 매체에 대한 질문으로까지 이어지는 새로운 겹이 만들어지게 된 것이다.

일정이 연기되면서 새로운 배우들이 들어와 새로운 인물이 만들어진 운도 빼놓을 수 없다. 배우들과 스태프들의 열정과 노력은 시나리오가 예상하지 못한 의외의 것들을 영화 속에 가져왔고, 때로는 빛과 바람과 공기와 더불어 마법 같은 순간들을 빚어내기도 했다. 할 수 있는 최선의 노력을 다하면서 함께 운을 기다려준 모든 배우들, 스태프들에게 감사한다. 언제나 그랬듯이 오랜 시간 믿고 기다려준 제작자에게도 감사한다. 그리고 이 모든 운의 맨 처음에는 시나리오를 쓴 오정미 작가의 헌신이 있다. 그녀가 없었다면 '버닝'은 애초에 만들어지지 못했을 것이다. 그녀는 그 긴 시간 동안 나의 까다로운 변덕과 알 수도 없는 답을 구하는 무모함을 견디어냈고, 결국 이런 전에 없던 새로운 시나리오를 써냈다.

《시 각본집》은 영화의 최종본과 시나리오가 거의 일치한다고 할 수 있지만, 이번 경우에는 가능한 한 오리지널 시나리오를 그대로 실었다. 따라서 시나리오 상태에서 영화의 원형이 어떠했으며, 그것이 영화 제작 과정에서 어떻게 변화하며 자신의 생명을 찾아갔는가를 구체적으로 확인할 수 있을 것이다.

이제 영화 '버닝'은 관객과 시간의 것이 되었다. 이 각본집으로 관심 있는 사람들에게 영화와 함께 시나리오를 읽을 기회를 드리게 되어서 진심으로 기쁘다. 아름다운 추천의 글과 감상의 글을 써주신 김연수 작가와 김홍중 교수 두 분께, 그리고 인터뷰를 겸한 날카로운 평론을 써주신 송경원 평론가, 긴 시간을 들여 대담을 해준 앙투안 코폴라 교수께 감사를 드린다. 또한 《시 각본집》에 이어 기꺼이 이 책을 출간하기로 하고, 책 페이지마다 영화에 대한 애정과 성실함으로 꾸며주신 아를 출판사에 감사한다.

2021년 12월

이창동

버닝 *Burning*
오리지널 시나리오

등장인물

종수 (27세)

벤 (35세)

해미 (27세)

연주 (27세)

용석 (59세)

변호사 (59세)

판사 (50세)

종수 엄마 (56세)

해미 엄마 (59세)

해미 언니 (35세)

이장 (60대 후반)

주인집 할머니 (70대)

어린 종수 (11세)

실장 (40세)

모델1 (30세)

벤 후배 (32세)

벤 여자 친구1, 2 (30대 중반)

벤 여자 후배1, 2 (30대 초반)

벤 남자 친구1 (30대 중반)

그 밖에 베트남 여자, 필리핀 여자, 김사,

마임 동호회 회원들, 경찰, 배석 판사 등

1. 거리/임시 매장 앞 (외부/낮)

서울 변두리의 어느 임시 매장 앞에 1톤 트럭이 도착한다. 유통 회사에서 알바 일을 하는 이종수(27세)가 운전석에서 내린 뒤 트럭 뒤로 다가온다. 짐칸 문을 열고 옷가지들을 어깨에 메고 가는 그의 뒤를 카메라가 따라간다.

임시 매장의 건물 전면에 커다랗게 걸린 '창고 大방출', '몽땅 亡했습니다!', '부도처리 땡처리', '최고 90% 세일!' 등 자극적인 문구가 적힌 대형 현수막이 보이고, 엉덩이만 간신히 가린 흰색 미니스커트를 입은 나레이터 모델 두 명이 요란한 음악에 맞춰 춤을 추고 있다. 그중 한 명(모델1)이 마이크를 잡고 숨 가쁘게 떠들고 있고, 다른 한 여자(해미)는 계속 음악에 맞춰 몸을 흔들며 춤을 춘다. 해미가 옷을 들고 지나가는 종수를 유심히 본다. 종수가 매장 안으로 들어간 뒤, 카메라는 모델들에게 머물러 있다.

모델1   안녕하세요, 고객님? 반갑습니다. 네, 어서 오세요, 고객님! 서울 시내 유명 백화점 매장에서 수십만 원, 수백만 원에 팔리는 고급 의류를 만나보세요. 단돈 몇만 원에 여러분을 모시고 있습니다. 어서 오세요! 공장 대처분! 유명 백화점 의류 대처분입니다. 네, 공장 처분 대세일!

이제 곧 10분 뒤에 경품 추첨이 있겠습니다! 네, 안쪽으로 들어와 보세요. 반갑습니다. 여기 안쪽으로 오셔서 저렴한 가격으로 최고급 의류를 만나보실 수 있습니다. 10분 후에 경품 추첨이 있겠습니다. 정확히 10분 후에 5만 원 이상 구매 고객께는 고급 스포츠 용품을 상품으로 드리는 경품 추첨이 있겠습니다. 네, 어서 어서 들어오셔서 파격 세일, 땡 처리 가격에 고급 상품도 구매하시고 고가의 경품도 받아 가시기 바랍니다.

매장 안에 물건을 놓고 나온 종수가 다시 해미의 곁을 지나갈 때, 그녀는 몸을 흔들다가 부딪치는 척 그의 팔을 잡는다. 종수가 쳐다보자, 그에게 경품 추첨권을 재빨리 손에 쥐어준다.

해미   (작은 소리로) 이따 추첨 받으세요.

종수는 영문을 알 수 없어 쳐다보는데, 그녀는 시치미를 떼고 춤만 추고 있다. 종수는 다시 트럭으로 걸어가고, 모델1의 마이크 소리는 계속된다.

모델1   네, 놀랄 만큼 저렴한 가격의 공장 처분 대세일입니다. 네, 어서 오세요, 고객님! 반갑습니다,

고객님! 안으로 들어오셔서 서울 시내 유명 백
화점 매장에서 수십만 원, 수백만 원에 팔리는
고급 의류를 만나보세요. 단돈 몇만 원에 여러
분을 모시고 있습니다. 어서 오세요! 10분 뒤에
경품 추첨이 시작됩니다. 대박 기회 놓치지 마
시기 바랍니다.

2. 임시 매장 앞 (외부/낮)

물건 배달을 마친 종수가 매장을 나온다. 매장 앞에서는 나레
이터 모델들이 추첨 통을 놓고 경품 추첨을 하고 있는 중이
다. 목이 좋아서인지 매장 앞은 사람들이 좀 북적거리는 편이
고, 추첨권을 손에 든 사람들이 모델들 앞에 둘러서 있다.
해미가 에어볼 추첨 통에서 번호가 적힌 작은 공을 꺼내 모델
1에게 주면 모델1이 마이크로 당첨 번호를 발표한다.
추첨을 하는 해미와 종수의 눈이 마주친다. 그녀가 종수를 보
고 웃는다. 종수는 그녀가 왜 자기를 보고 웃는지 의아해한다.

모델1   자, 다음 순서! 다음은 최고급 스포츠 시계 준비
            되어 있는데요. 과연 행운의 당첨 번호는? 자,
            갑니다!

작은 공들이 빙글빙글 돌아가는 공기통 속에서 해미가 공 하나를 꺼낸다. 그 동안에도 그녀의 눈은 종수를 보고 있다. 모델1이 공을 받아들고 번호를 부른다.

모델1   85번입니다! 축하드립니다! 85번, 행운의 주인 공 어디 계십니까?

해미는 계속 종수를 보며 웃고 있다. 종수는 무심코 아까 그녀에게 받은 추첨권을 꺼내본다. 그의 얼굴에 믿을 수 없다는 표정이 떠오른다.

모델1   85번 어디 계신가요? 85번!

종수가 앞으로 나간다. 모델1이 그의 번호를 확인하고 축하한다며 소리친다. 종수는 상품을 받기 위해 해미 앞으로 간다. 상품은 플라스틱으로 된 핑크색 스포츠용 손목시계다.

해미   (상품을 주며 작은 소리로) 여자 친구 있어?

마치 아는 사람에게 말하는 투다. 그러나 종수는 그녀가 낯설다. 모델1이 사람들에게 멘트를 하는 동안 두 사람은 좀 더 이야기를 나눈다.

종수	여자 친구 없는데…….
해미	그럼 어떡해? 여자용 손목시곈데……. 이제부터 구해야겠네.
종수	(뭐라고 대꾸해야 할지 몰라 한다.)
해미	이종수.
종수	……?
해미	나 모르겠어? 우리 어릴 때 같은 동네 살았잖아. 파주시 탄현면 만우리…….
종수	아…….
해미	나야, 신해미.

그제야 종수가 그녀를 알아보는 눈치지만, 그런데도 아직 믿기지 않는 것 같다.

해미	나 얼굴 성형했어. 예뻐졌지?

종수는 상품으로 받은 시계를 내려다본다. 그러고 보니 그녀가 일부러 종수에게 추첨권을 주고 상품을 받도록 한 모양이다.

해미	너 시간 있어? 나 금방 쉬는 시간인데…….

3. 임시 매장 앞 (외부/낮)

매장 앞 도로변 한 구석. 종수가 해미와 같이 담배를 피우며 서 있다. 사람들이 옆으로 지나다닌다. 짧은 치마에 배꼽을 드러낸 나레이터 모델 옷을 입고 담배를 피우고 있는 해미의 모습은 사람들의 눈길을 끈다. 그런 해미 앞에서 종수는 숫기가 없고 소심해 보인다. 그는 노출이 심한 그녀의 몸을 보는 것이 민망하지만, 굳이 시선을 돌리지는 않는다. 그녀의 배꼽 옆 작은 문신이 눈에 띈다. 이윽고 해미가 입을 연다.

해미   군대는?
종수   군대는 갔다 왔지.
해미   ……그리고?
종수   ……그리고 뭐?

종수의 반문에 해미가 웃고, 종수도 웃는다. 종수가 들고 있던 자판기 종이컵에 침을 뱉자 해미가 그 종이컵을 받아 가서 자기도 침을 뱉는다. 가래침이 걸쭉해서 잘 끊어지지 않는다.

종수   학교도 졸업하고…… 지금은 잠시 알바 뛰고 있
             는데…… 사실은 뭐 하는 게 있어.

                                          버닝 각본집

해미가 말없이 종수를 쳐다본다. 그의 말투에 약간 허세가 느껴진다.

해미   뭐 하는데? (웃으며) 물어봐도 돼?

종수   ……글 쓰고 있어.

해미   글? 무슨 글?

종수   소설…….

해미   와, 그럼 작가야?

종수   아니, 아직 정식 작가는 아니고……. 작가가 되려고 하는 거지.

해미   (진지하게 고개를 끄덕이며) 멋있네, 작가 이종수!

흐, 흐, 흐. 해미의 말에 종수는 일부러 만든 것 같은 어색한 웃음을 웃는다.

종수   넌…… 할 만해?

해미   응, 재밌어. 난 이런 일이 좋아. 몸 쓰는 일……. (몸을 흔들며 춤추는 시늉을 한다.) 그리고 일이 있다고 전화가 오면 그때 나와도 되니까, 좀 자유가 있어. 그게 좋아.

종수가 그녀의 얼굴을 쳐다본다. 어쩐지 그녀에게는 묘하게도 현실을 벗어난 듯한 단순함이 있다.

종수   자꾸 보니까…… 이제 좀 니가 해미 같네. (해미를 보며 웃는다.) 이거 너 할래?

종수는 해미에게 손목시계를 내민다. 경품으로 받은 여자용 손목시계다. 그녀는 들고 있던 종이컵을 담벼락에 슬쩍 올려 두고는, 시계를 받아서 자기 손목에 차본다.

해미   손목시계 처음 차봐. (자기가 찬 시계를 보며) 헐, 촌스러워!

그러면서도 종수에게 선물을 받았다는 것이 마음에 드는 듯 종수를 쳐다보며 웃는다. 사이. 말없이 담배를 피우는 두 사람. 해미는 계속 전화기를 들여다본다. 습관처럼. 종수는 그 모습에 은근히 신경을 쓰고 있다.

해미   야, 우리 이따 저녁에 같이 술이나 먹을까?
종수   (조금 생각하는 척하다가) ……그럴까?

그들은 침묵 속에서 계속 담배를 피우고 있다.

4. 식당 (내부/밤)

어느 고기 전문 식당. 종수와 해미가 들어온다. 해미는 나레이터 모델 유니폼이 아닌 평상복 차림으로 가방을 들고 있다.

주인여자   어서 오세요!

한쪽 자리에 앉는 두 사람. 해미가 벽에 붙은 메뉴판을 쳐다보며 말한다.

해미   아, 배고파 뒤지겠네. 오늘 점심도 못 먹었거든.

종수도 메뉴판을 쳐다본다. 두 사람 다 말이 없어진다. 주문을 받으러 주인여자가 다가온다.

해미   청국장······.
주인여자   청국장은 점심만 되고 저녁엔 안 돼요.
해미   저녁은······ 고기만 돼요?

두 사람 다 말없이 벽에 붙은 메뉴판을 쳐다본다. 표정으로 보아 아무래도 가격이 너무 비싸다고 생각하는 것 같다. 해미는 꽤 오랫동안 메뉴판을 쳐다보고 있고, 종수 역시 해미의 결정을 기다리는 것처럼 잠자코 메뉴판을 보고 있다. 침묵 속에 메뉴판을 쳐다보는 해미의 얼굴에는 뭔가 예민함이 느껴진다. 주인여자는 무표정한 얼굴로 그들 옆에 서서 기다린다. 해미가 자리에서 일어난다.

해미   다음에 올게요.

종수도 따라 일어난다. 주인여자는 그럴 줄 알았다는 듯 아무 말 없이 카운터로 돌아가고, 두 사람은 식당을 나간다.

5. 술집 (내부/밤)

대중가요가 흘러나오는 시끄러운 술집. 도로 쪽 테라스에 있는 테이블에 종수와 해미가 마주 앉아 술을 마시고 있다. 그들 뒤로 젊은이들이 많이 다니는 유흥가 거리 풍경이 보인다. 두 사람은 이미 꽤 술을 마신 것 같다.

해미   야, 나 곧 아프리카에 간다?
종수   아프리카에? 왜?
해미   그동안 열심히 돈 모았거든. 여행 갈려고…….
종수   왜 하필 아프리카야?

대답하는 대신, 해미는 이상한 손동작을 한다. 눈에 보이지 않는 굴을 까서 먹는 동작이다. 그것도 장난이 아니라 아주 진지하게. 그 기묘한 동작을 계속하며 그녀는 종수를 쳐다본다.

해미　　판토마임이다. 나 요새 판토마임 배우고 있잖아.

종수　　그런 걸 왜 배워? 배우 되려고?

해미　　(웃으며) 야, 배우는 아무나 되니? 그냥……. 좋아서 배우는 거야. 봐봐, 난 내가 먹고 싶을 때 항상 굴을 먹을 수 있어.

그녀가 굴껍질을 까서 먹기 시작한다. 그녀의 왼쪽에 상상의 굴이 든 통이 있고, 오른쪽에는 상상의 껍질을 넣는 통이 있다. 그녀는 상상의 굴을 한 개 손에 들고서, 천천히 상상의 껍질을 벗겨 입에 넣고 오물오물 씹는다. 정말 맛있는 것 같다. 그러고는 상상의 찌꺼기를 내뱉고, 상상의 껍질로 감싸서 오른쪽 상상의 통에 집어넣는다. 그 동작을 되풀이한다.

종수　　잘하네. 재능이 있네.

해미　　이거 간단해. 재능이고 뭐고가 없어요. 뭐냐면, 여기에 굴이 '있다'고 생각하지 말고, 여기에 굴이 '없다'는 걸 잊어먹으면 돼. 그뿐이야. 중요한 건, 진짜 먹고 싶다고 생각하는 거야. 그럼 진짜 침이 나오고, 진짜 맛있어.

해미는 씹고 있는 귤을 보여주듯 종수 앞에서 입을 벌리고 혀를 내밀어 보인다. 그 모습을 홀린 듯 보는 종수. 그는 해미 앞에 놓인 잔에 술을 채운다. 두 사람은 서로의 잔을 들어 부딪치고 술을 비운다.

해미   너 그거 알아? 아프리카 칼라하리 사막에 사는 부시맨. 부시맨들에게는 두 종류의 '굶주린 자'가 있대. 웃기지? 굶주린 자. 영어로, '헝거'. (아무래도 영어 발음은 좀 어색하다. 그녀도 재미있다는 듯이 웃는다.) 리틀 헝거와 그레이트 헝거. 리틀 헝거는 그냥 배가 고픈 사람이고, 그레이트 헝거는 삶의 의미에 굶주린 사람이래. 우리가 왜 사는지, 인생에 어떤 의미가 있는지, 그런 거를 늘 알려고 하는 사람……. 그런 사람이 진짜 배가 고픈 사람이라고, 그레이트 헝거라고 부른대.

종수   (웃으며) 헝거가 사람이야?

해미   응, 헝거. 배고픈 사람.

종수   그래서 그레이트 헝거 만나려고 가는 거야? 아프리카로?

해미	(웃지도 않고) 멋있지? 그레이트 헝거······. (잠시 말없이 종수를 쳐다보다가) ······종수야.
종수	······?
해미	이종수.

종수가 해미를 쳐다본다. 그녀의 시선에 약간 당황한다. 아무래도 그녀가 좀 취한 것 같다고 느낀다.

해미	내 부탁 하나 들어줄래?
종수	(말없이 쳐다본다.)
해미	내가 키우는 고양이 한 마리가 있는데······. 내가 아프리카로 여행 간 동안 니가 밥 좀 줄 수 있어?
종수	고양이를 내가 데려가야 돼?
해미	아니, 니가 우리 집에 와서. 왜냐면 고양이는 사는 곳을 옮기면 안 되거든.
종수	(보고 있다.)
해미	왜? 싫어?
종수	아니 그게 아니라······.

6. 술집 (내부/밤)

시간 경과. 종수가 카운터에서 계산을 한다. 영수증과 계산대 화면을 번갈아 쳐다보며 맞는지 확인한다. 계산을 끝내고 자리로 가보면, 해미가 가방을 안은 채 잠들어 있다. 술집 안은 아까보다 빈자리가 많아졌고, 옆자리의 젊은 연인들은 노골적으로 붙어 앉아서 진한 스킨십을 하고 있다.

종수는 안 보는 척하면서 그들을 보다가 자리에서 일어나 해미의 옆자리에 가 앉는다. 그리고 그녀를 깨우려다 말고 핸드폰을 꺼내 뭔가 메모를 한다.

인서트. 스마트폰 화면에 찍히는 메모.

술에 취하면 아무 데서나 곧장 잠들어 버리는 여자.
위태로워 보인다.

그는 또 아까 해미가 했던 말들도 메모한다.

리틀 헝거와 그레이트 헝거.
리틀 헝거는 그냥 배가 고픈 것,
그레이트 헝거는 삶의 의미에 굶주린 것.

버닝 각본집

7. 후암동 도로 (외부/낮)

다음 날, 남산 아래 후암동의 마을버스 정류장. 로터리를 중심으로 산동네로 올라가는 여러 갈래의 길이 있어서 사람들의 왕래가 많다. 해미가 정류장에 서서 담배를 피우고 있다. 주변의 노인네 한 사람이 노골적으로 쳐다보지만, 그녀는 모른 척한다. 이윽고 마을버스가 도착하고, 해미의 표정이 밝아진다. 종수가 버스에서 내린다. 배낭을 메고 큰 가방까지 들었다. 두 사람은 나란히 걸어 올라간다.

해미   이 짐들은 다 뭐야?

종수   아…… 파주 집으로 이사 가는 중이야.

해미   (웃는다.) 오늘?

걸어가며 해미가 자연스럽게 종수의 팔짱을 낀다. 종수는 조금 놀라지만 내색하지 않는다.

8. 해미 집 건물 앞 (외부/낮)

가파른 오르막 골목길을 올라오는 두 사람.

해미	파주 집에는 누가 있어?
종수	아무도 없어. 엄마는 나 어릴 때 집 나갔고……. (종수는 '너도 알지?' 하는 표정으로 해미를 슬쩍 쳐다본다. 해미는 알고 있다는 듯 고개를 끄덕인다.) 누나는 몇 년 전 결혼했고…… 아버지만 혼자 소 키우며 살고 있었는데, 좀 문제가 생겨서…… 내가 집에 들어가야 되게 생겼어.

해미는 종수의 이야기를 들으며 고개만 끄덕이고 있다.

종수	무슨 문제냐고 안 물어보네?
해미	문제야 항상 있잖아. (앞쪽을 보며) 이 집이야.

오르막 골목 끝에 있는 작은 3층 건물. 한 층에 방이 하나씩 있는 원룸식 건물이다. 그 건물 너머 남산서울타워 전망대가 보인다. 해미가 먼저 들어가 계단을 올라가고, 종수가 뒤따라 올라간다. 계단을 올라가는 두 사람의 모습이 창문으로 보인다.

9. 계단 (내부/낮)

2층을 지나 3층으로 올라오는 해미와 종수. 2층의 문이 열리

고 할머니가 얼굴을 빼꼼히 내밀고 내다본다. 3층으로 오르
던 해미가 돌아보며 인사한다.

해미   안녕하세요.

해미의 방은 3층 건물의 꼭대기 옥탑방이다. 해미가 방문의
번호 키를 눌러 문을 여는 동안, 종수는 계단 창문 앞에 서서
창밖 풍경을 본다.

시점 숏. 계단 창문 너머로 멀리 보이는 용산 일대의 풍경. 고
층 건물들 아래로 무수히 보이는 크고 작은 집들.

10. 해미 방 (내부/낮)

해미의 작은 원룸. 방에 들어서면서 해미는 어질러진 옷가지
를 민망한 듯 재빨리 치운다. 종수로서는 여자 혼자 사는 방
을 처음 들어와 보는 듯 시선을 어디에 둘지 몰라 한다.
화장실과 작은 싱크대가 있는 부엌이 딸린 좁은 방에는 침대,
냉장고와 작은 옷장, 키 낮은 책꽂이, 책상을 겸한 식탁이 가
구의 전부다. 책꽂이와 벽에는 몇 개의 사진들이 붙어 있다.
그중에는 그녀가 나레이터 모델 옷을 입고 환하게 웃고 있는

사진도 있고, 여권사진 같은 단정한 얼굴의 증명사진도 있다.
해미가 창문을 연다. 작은 방치고는 꽤 큰 창문이다. 창문으로
남산타워가 보인다. 종수는 책상 겸 식탁 의자에 앉는다.

종수   방 좋네, 이만하면. 내가 전에 살던 방은 싱크대
        옆에 변기가 있었는데…….

종수의 말에 해미가 웃는다.

해미   이 방은 북향이어서 늘 춥고 어두운데, 하루에
        딱 한 번 햇빛이 들어와. 저기……. 남산타워 유
        리창에 햇빛이 반사돼서 여기까지 들어와. 근데
        아주 잠깐 들어오기 때문에 진짜 운이 좋아야
        볼 수 있어.

말없이 창문으로 그 남산타워를 바라보는 종수. 해미는 침대
끝에 앉더니 고양이를 부른다.

해미   보일아, 보일아……. 나와 봐, 보일아…….
종수   고양이 이름이 보일이야?
해미   응, 보일이. 새끼 때 지하 보일러실에 버려져서
        울고 있는 걸 데려왔거든.

종수는 방 안을 둘러본다. 그러나 좁은 방 어디에도 보일이는 보이지 않는다.

해미   우리 보일이는 낯선 사람이 오면 어딘가에 숨어
       서 절대 안 나와. 자폐증이 좀 심해갖고…….
종수   (왠지 그녀의 말이 의심스럽다.) 혹시 보일이도 상
       상 속에만 있는 거 아냐? 내가 너 없을 때 여기
       와서 상상 속의 고양이한테 먹이를 줘야 되는
       거 아냐?
해미   있지도 않은 고양이에게 밥 주라고 내가 널 여
       기 불렀다고? (소리 내어 웃는다.) 재밌네.
종수   (같이 웃으며) 내가…… 고양이가 없다는 걸 잊
       어먹어야 돼?

해미는 침대 끝에 앉아서 종수를 쳐다보며 알쏭달쏭한 미소
를 짓는다.

해미   너 기억 나? 옛날에 나 못생겼다고 한 거.
종수   정말? ……내가 그랬어?
해미   어느 날…… 학교에서 집으로 오는데…… 갑자
       기 니가 길을 건너오더니, 그렇게 말했잖아. 너
       진짜 못생겼다고.

종수는 전혀 기억이 나지 않는다는 표정이다. 아니, 전혀 믿을 수 없다는 표정이다.

해미   그게 중학교 다닐 때 니가 나한테 한 유일한 말이었어.

종수   (말없이 해미를 쳐다본다.) …….

해미   (속삭이듯 낮은 소리로) 이제 진실을 얘기해봐.

종수   …….

해미   왜 말을 못 해?

해미는 여전히 미소 짓고 있고, 종수는 어떤 말도 할 수가 없다. 숨 막히는 침묵 속에서 그는 그녀를 쳐다보고 있다. 이윽고 그녀의 얼굴이 먼저 종수에게 천천히 다가간다.
두 사람은 서로를 안고 입을 맞춘다. 그리고 함께 옷을 벗는다. 어쩐지 종수는 여자와 처음 섹스를 해보는 것처럼 허둥대는 것 같다. 종수가 옷을 벗다가 옷이 목에 걸리자, 해미가 그것을 벗겨준다. 종수는 해미의 벗은 몸을 본다. 그녀의 몸이 너무나 아름다워서 차마 손을 대기도 두려운 것 같다. 두 사람은 조급하게 서로의 몸을 탐하기 시작한다.

해미   잠깐만…….

해미의 말에 종수가 동작을 멈춘다. 그녀는 팔을 뻗어 침대 밑 서랍을 열더니 뭔가를 꺼낸다. 종수는 엉거주춤하게 몸을 일으킨 채로 해미가 포장지에 든 콘돔을 꺼내는 모습을 지켜보고 있다.

해미　　　……해.

종수는 해미가 건네준 콘돔을 받아 고개를 숙여 끼우려 한다. 그 모습을 해미는 누운 채로 보고 있다. 종수가 제대로 하지 못하자, 해미가 대신 끼워준다. 마침내 종수는 그녀의 몸 안으로 들어간다. 그 순간, 종수는 문득 침대 머리맡의 벽을 쳐다본다.

남산타워에서 반사된 햇빛이 들어와 벽에 걸려 있다. 프리즘을 통과한 것처럼 엷은 무지개로 싸인, 손수건 크기 정도의 빛 조각. 해미의 몸을 안은 채 종수는 그 빛 조각을 마치 비현실적인 환영을 보듯이 말없이 보고 있다.

이윽고 그 빛은 서서히 거짓말처럼 사라지고 만다. 그는 더욱 그녀의 몸으로 깊이 파고든다.

11. 도로 (외부/낮)

부슬비가 내리는 파주시 외곽 어느 한적한 도로의 버스 정류
장. 버스가 와서 정차한다. 종수가 배낭을 메고 큰 가방을 든
채로 버스에서 내린다.
우산도 없이 비를 맞으며 카메라 앞으로 다가오는 종수의 얼
굴. 오랜만에 찾아온 동네 풍경을 둘러보다가, 이내 멀리 산
자락에 보이는 작은 동네를 향해 걸어간다.

12. 동네 길 (외부/낮)

비를 맞으며 좁은 길을 따라 동네 안쪽으로 걸어가는 종수.
봉고차 한 대가 빗물을 튀기며 그를 지나쳐 간다.
이장 집 앞 마당에 봉고차가 와 서고, 용역 회사 직원이 차에
서 내리며 이장에게 인사한다.

용역직원   안녕하세요?
이장   어이, 비가 와서 괜히 반나절 공쳤네.

비를 피해 처마 밑에 서 있던 서너 명의 외국인 노동자들이
봉고차에 올라탄다. 주로 동남아에서 온 듯한 여자들이다. 종

수가 지나가며 이장에게 인사한다.

종수   안녕하세요?

이장은 대답 없이 '누구지?' 하는 표정으로 종수를 쳐다본다.
동네 안쪽으로 걸어가는 종수.

13. 집 앞 (외부/낮)

동네 끝에 있는 농가로 걸어오는 종수. 담도 없는 낡고 허름한
집 옆으로 슬레이트 지붕으로 된 축사가 보이고, 온갖 자재들
이 쌓여 지저분한 마당 한쪽에는 창고로 쓰는 녹슨 컨테이너
가 있다. 컨테이너 앞에는 형편없이 낡은 픽업트럭이 한 대 서
있다. 눈에 띄는 것은 마당에 게양된 낡고 때 묻은 태극기다.
조용히 내리는 비는 집과 축사의 지붕을 적시고 마당을 적시
고, 태극기를 적신다. 마당 가운데 시멘트가 갈라져서 생긴 작
은 물웅덩이가 있다. 종수는 걸음을 멈추고 그것을 내려다본
다. 물웅덩이에 고인 붉은 소 오줌 색깔의 빗물. 종수에게는
그것이 집에 돌아왔다는 실감을 주는 모양이다. 유리 새시로
된 마루문은 잠겨 있다. 그는 열쇠로 마루문을 열고 들어간다.

14. 집 안 (내부/낮)

종수가 집 안으로 들어온다. 집은 꽤 오래 비어 있었던 것처럼 을씨년스러워 보인다. 무슨 냄새라도 나는 듯 코를 킁킁거리는 종수.

배낭과 가방을 바닥에 벗어 던지고, 방문을 열어본다. 마루 양쪽의 두 방은 다 무슨 물건들이 들어 차 있어서 빈자리가 없다. 사람이 거처할 만한 곳은 마루가 유일하다. 마루 한쪽으로 부엌 싱크대와 식탁이 있다. 마루 한가운데에는 어울리지 않게 커다란 소파가 TV를 마주보고 놓여 있고, 마루 곳곳에 온갖 잡동사니 같은 물건들이 방치되어 있다. 이 집의 주인은 먹고 자는 것을 다 마루에서 해결한 모양이다.

종수는 부엌의 냉장고 문을 열어보고 음식물을 꺼내 냄새를 맡아보기도 한다. TV 옆 장식장에 놓인 액자들에는 종수의 어릴 때부터의 사진들이 들어 있다. 웃통을 벗고 있는 스무 살 무렵의 종수도 있다. 그는 벽에 붙은 사진 액자 하나를 보고 다가간다.

인서트. 사십 대 후반의 아버지가 어린 종수와 함께 찍은 사진. 운동회 날인지 어린 종수는 체육복 차림에 햇빛이 눈부신 듯 눈을 찌푸리고 있고, 아버지는 두 손을 종수의 어깨에 올리고 있다.

버닝 각본집

종수는 마치 의외의 물건을 보듯이 그 사진 앞에 오래 서 있다.

15. 마당, 축사 (외부/낮)

여전히 비가 오는 마당. 종수가 마루문을 열고 나온다. 마루
문 앞 현관에는 낡은 등나무 의자가 놓여 있고, 고목 뿌리 같
은 것으로 만들어진 조잡한 목공예품 같은 것들도 놓여 있다.
종수는 마당을 가로질러 집 옆에 있는 축사로 걸어가다가 문
득 걸음을 멈춘다. 대남 방송 스피커 소리가 들려오고 있다.
빗소리에 섞여 커졌다 작아졌다 하며 들려오는 스피커 소리
는 내용은 잘 알아들을 수 없지만, 북한 특유의 기묘한 억양
은 느낄 수 있다.
슬레이트 지붕으로 된 낡은 축사. 한때 꽤 많은 소를 키운 듯
내부가 제법 커 보이지만 지금은 텅 비어 있어서 썰렁해 보인
다. 넓은 축사 안에 비쩍 마른 송아지 한 마리만 남아 있다. 종
수가 송아지에게 다가가다가 소똥을 밟고 욕을 내뱉는다.
송아지에게 사료를 주는 종수. 그런대로 손놀림이 익숙하다.
배가 고팠던 듯 사료를 먹으며 송아지가 음매, 소리 내어 운
다. 종수가 쳐다보자, 또 음매, 소리 낸다.

종수   (송아지의 머리를 쓰다듬으며) ……뭐 인마?

16. 집 안 (내부/저녁)

방 안에 쌓인 잡동사니들을 치우고 옛날 자신이 쓰던 책상을 찾아 꺼내는 종수. 노트북을 켠 뒤 한참 동안 화면을 들여다본다. 마치 글을 쓸 수 있을지 없을지 확인하려는 것처럼.
빈 화면에 커서가 깜박인다. 결국 그는 글을 쓰는 대신 책상 아래에 쪼그리고 앉아서 인터넷 선을 연결하려고 애를 쓴다. 화면에 인터넷이 뜬 것을 확인하고 신이 나 소리 지른다.

종수   아싸! (고개를 들고 허공 어딘가를 보며 말한다.) 고마워요! (그리고 작게 덧붙인다.) 씨바…….

17. 집 안 (내부/밤)

마루에 있는 소파에 잠자리를 만들어 누워 있는 종수. 불이 꺼져 있어 TV 화면만이 어둠을 밝히고 있다. 마루 유리문에 마당의 나무 그림자가 어른거린다. 종수는 누운 채 스마트폰을 들여다보고 있다. 스마트폰 불빛으로 그의 얼굴이 어둠 속에서 파랗게 빛난다. 두 개의 동영상에서 동시에 나는 소리가 서로 섞인다.
인서트. 스마트폰의 게임 화면에는 전사가 정신없이 칼을 휘

버닝 각본집

두르며 괴물과 싸우고 있다.

시간 경과. 소파에 누운 채 자고 있는 종수. 밤중에 전화벨 소리가 울린다. 끈질기게 거듭 울리는 벨 소리. 결국 종수는 자리에서 일어나 전화벨 소리가 들리는 곳을 찾는다. 소파 아래 바닥에 쌓인 물건들 틈에서 전화기를 찾아 수화기를 든다.

종수   여보세요. (그러나 아무 소리도 들리지 않는다.) 여
             보세요?

귀를 기울이는 종수. 왠지 여린 숨소리 같은 것이 들리는 것도 같다.

종수   여보세요?

상대방은 여전히 아무 소리도 하지 않는다. 결국 수화기를 놓고 멍하니 앉아 있다가 마루문을 열고 밖으로 나간다.

18. 마당 (외부/밤)

마당으로 나와 축대에 앉는 종수. 어느새 비는 그쳐 있다. 간

간이 처마에서 빗물이 떨어진다. 종수는 빗물에 젖은 마당과 축사 옆 기둥에 걸린 젖어서 늘어진 태극기, 그 너머 어둠에 잠긴 벌판을 바라보며 앉아 있다. 웅웅웅웅 바람에 실려 들려오는 대남 방송 스피커 소리는 아까보다 더 또렷하게 들린다.

19. 집 안 (내부/아침)

종수가 부엌에 서서 간단히 요리를 하고 있다. 칼로 야채를 썰어서 냄비에 넣고, 냉장고에서 된장을 꺼내 푼다. 된장에 하얗게 곰팡이가 낀 부분을 피해 살살 긁어낸다. 혼자 음식을 해 먹는 것이 익숙한 것처럼 보인다. 부엌칼로 열심히 마늘을 다진다.

시간 경과. 종수가 혼자 식탁에 앉아 밥을 먹고 있다. 켜져 있는 TV에서 뉴스 소리가 들려온다. 밥을 먹으며 간간이 핸드폰을 들여다본다. 누군가로부터 카톡 문자가 온다. 문자의 답을 하는 종수의 표정이 다양하게 변한다.

앵커(O.S)   청년 실업이 하루 이틀 일이 아니지만, 이를 증명하는 수치가 나왔습니다. 우리나라의 청년 실업 상황이 OECD 회원국 가운데 가장 빠른 속

도로 나빠지고 있는 것으로 나타났습니다. 박성
호 기자입니다.

기자(O.S)　　우리나라의 실업률은 OECD 내에서 역주행 속
도가 가장 빠른 것으로 나타났습니다……

20. 집 안 (내부/아침)

마루에서 보는 화장실. 문이 열려 있고 변기 앞에 서서 오줌
을 누는 종수가 보인다. 화면 한쪽에 켜져 있는 TV 화면이 있
고, 트럼프 미국 대통령의 얼굴이 보인다. 트럼프에 관한 뉴
스가 계속되는 동안, 전화벨이 울린다. 종수는 이쪽을 돌아본
다. 집 전화기 벨 소리다. 그러나 소변을 중단할 수 없다. 소변
은 아주 길게 계속되고 전화벨은 끈질기게 울린다. 결국 소변
을 다 본 종수가 화장실을 나와 수화기를 든다.

종수　　여보세요?

그러나 이미 전화는 끊어졌다. 수화기를 놓은 종수는 전화기
옆에 있는 자동차 키를 발견하고 집어 든다.

21. 마당 (외부/낮)

마당으로 나오는 종수. 컨테이너 앞에 세워져 있는 낡은 픽업 트럭으로 걸어간다. 칠이 벗겨지고 녹이 슬었다. 트럭에 올라탄다. 그리고 시동을 걸어본다. 엔진 소리는 거칠지만, 시동은 걸린다. 다시 시동을 끄고, 키를 뺀다. 자동차 키와 함께 다른 열쇠도 두어 개 같이 달려 있다. 종수는 그것들을 들여다보다가 차문을 열고 나가서, 마당 한쪽에 있는 컨테이너 박스로 걸어간다.

22. 컨테이너 안 (내부/낮)

종수가 컨테이너의 문을 열고 들어선다. 어두컴컴한 내부에 낡은 물건들이 쌓여 있고, 각종 농기구 같은 것들과 함께 덤벨, 역기 등의 운동기구 같은 것도 있다. 한쪽 벽에 있는 낡은 장식장 안에는 빛바랜 건설 작업복과 안전마크가 붙은 헬멧이 걸려 있고, 상아 뿔과 램프, 향로 등 중동 지역의 공예품 등도 진열되어 있다. 그 옆에 붉은 견장이 붙은 낡은 해병대 군복, 팔각모 등과 해병 전우회 기념패 등도 보인다.
컨테이너 안쪽 벽에 구형 캐비닛이 놓여 있고, 자물쇠가 걸려 있다. 들고 있던 열쇠 중 하나로 캐비닛을 여는 동안 점점 긴장하는 종수의 얼굴. 이윽고 두꺼운 캐비닛 문이 열린다.

인서트. 캐비닛 안에 수집품처럼 걸려 있는 다양하고 기묘한 모양의 크고 작은 무기용 칼들. 군용 대검, 잭나이프, 레인보우 나이프, 정글도 등.

아버지의 이해할 수 없는 내면을 보고 있는 듯한 종수의 얼굴. *CLOSE UP.*

23. 해미 집 건물 앞 (외부/낮)

후암동 언덕바지 좁은 골목길 해미의 집 앞에 종수의 픽업트럭이 서 있다. 종수가 해미의 커다란 여행용 가방을 끌고 집에서 나오고, 검은 선글라스를 머리에 얹은 해미가 따라 나온다. 해미는 종수가 준 핑크색 손목시계를 차고 있다.

종수　　(일부러 낑낑거리며) 왜 이렇게 짐이 무거워? 아
　　　　　프리카에 가면서…….
해미　　야, 여자는 원래 짐이 많아.

해미가 가방을 같이 든다. 그러자 종수가 일부러 손을 놓는

다. 해미가 가방을 놓칠 뻔한다.

해미   (종수에게 때릴 것처럼 주먹을 들고 소리친다.) 죽
          을래!
종수   (질 새라 맞받아 고함친다.) 내가 뭘?
해미   (역시 소리친다.) 혼 좀 나볼래? 들어!

아이들처럼 장난을 치던 해미가 문 밖을 보며 찔끔한다. 주인
할머니가 입구에 앉아 담배를 피우고 있다가 그들을 본다. 종
수가 다시 가방을 들고, 두 사람은 얌전히 건물 밖으로 나간다.

해미   안녕히 계세요, 할머니.

할머니에게 인사하는 해미. 종수도 고개를 꾸벅 숙이며 인사
한다.

해미   제 친구예요, 할머니.
할머니   조심해.
해미   예.

해미의 여행용 가방을 픽업트럭의 짐칸에 실은 뒤 차에 타는
두 사람.

24. 차 안 (외부/낮)

인서트. 기름 부족 경고 표시가 들어온 연료계.
인천공항 전용 도로를 달리는 차 안에서 종수는 자주 계기판을 본다.

해미 ……너는? 여자는? 좀 사귀어봤어?

종수 뭐, 여자에 대해서는…… 여자는 좀…… 힘들더라고. 관리라고 해야 되나?

해미가 웃는다. 종수는 해미의 웃음이 신경 쓰인다.

종수 그래도 그런 생각은 들어. 이제 슬슬…….

해미 슬슬?

종수 아직은 내가 준비가 안 되어가지고…… 여자를 만나고 싶단 의욕은 있지만 현실적으로는 당장 힘드니까……. 나 살기 바쁘다고 할까? 자기 합리환데…….

종수의 시점으로 멀리 주유소 표지판이 보인다.

종수 기름 좀 넣어야 되는데……. 너 카드 있지?

해미   ······그래. 있어.

해미는 아무렇지도 않은 척 소리 내어 웃는다. 주유소 쪽으로
진입하는 종수. 두 사람 다 말이 없다.

25. 차 안 (외부/낮)

달리는 차의 시야. 앞 차창으로 인천공항 청사가 다가오고,
이륙하고 있는 비행기도 보인다. 두 사람은 여전히 말이 없
다. 해미가 핸드폰으로 사진을 찍는다. 하늘로 날아가는 비행
기와 다가오는 공항 풍경을 찍다가 핸드폰을 돌려 셀카를 찍
는다. 자신의 모습 뒤쪽으로 종수의 모습도 나오게.
종수는 모른 척하고 있지만, 분명히 사진 찍히는 것을 의식하
고 있다. 해미가 핸드폰 카메라를 향해 미소 짓는다.

해미   이종수 씨!

종수가 운전대를 잡은 채 고개를 돌려 해미의 핸드폰 카메라
를 본다. 앵글에 잘 잡히도록 머리를 움직이기도 한다. 순간,
요란한 경적 소리가 들린다. 급히 핸들을 꺾는 종수. 놀라고
당황해서 얼굴이 벌겋게 달아오른다.

26. 회사 사무실 (내부/낮)

서울 변두리의 깔세 매장 영업회사 사무실 안. 한쪽에 제품 박스들이 쌓여 있는 그리 넓지 않은 사무실에 두어 명의 직원이 보이고, 알바생인 듯한 청년 둘이 박스를 나르고 있다.
출입문 가까운 소파에 종수가 앉아서 일하는 알바생들을 보고 있다가, 삼십 대 후반의 여자가 문을 열고 들어서자 엉거주춤 일어나 인사한다.

여자   (다정하게) 응, 종수 씨 왔네. 사장님 못 만났어?

여자는 자기 자리로 가서 앉는다. 그리고 전화를 건다.

여자   다영이 아빠, 어디야? 이종수 씨 와서 기다리는
            데……. 빨리 와요. (종수를 향해 웃으며) 금방 오
            신대.
종수   ……예.

그 동안에도 알바생들은 계속 물건을 나른다. 여자가 물건 놓을 자리를 이야기해주기도 한다. 방해될 것 같아서 종수가 자리를 피해 사무실 밖으로 나간다.

27. 사무실 밖 (외부/낮)

도매업 상가들이 늘어선 거리 풍경을 보며 종수가 담배를 피우고 있다. 배낭을 멘 모습이 학생 같다.
사십 대 초반의 사람 좋아 보이는 사장이 차를 세우고 길을 건너온다. 종수가 고개를 꾸벅이며 인사한다.

사장   아직까지 담배 피우냐? 끊어. 성공하려면 담배
            부터 끊어야 돼. (종수에게 담배 한 개비를 얻어 불
            을 붙이며) 잘돼가?

종수   ……뭐가요?

사장   너 파주 집에 들어가서 글 쓴다매? 글 잘돼가냐
            고…….

종수   아, 예……. 아직…….

사이. 한참 말없이 담배를 피우던 사장이 다시 입을 연다.

사장   저어기, 이 거리를 봐. 여기가 십 년 전에는 아주
            지저분하고 엉망이었어. 비만 오면 진창길이었
            어. 사람들이 똥길이라고 그랬어, 똥길. 지금은
            어때? 멋있잖아? 차들도 쫙 있고……. (앞 건물의
            벽에 크게 쓰인 이름을 쳐다보며) 드림월드……!

그런데 웃기는 게, 다 망해가고 있어. 장사 되는 데가 하나도 없어. 대기업 유통회사, 대형 마트 땜에…… 옛날에는 진창길에, 더럽고 지저분했어도 다들 먹고 살았어. 지금은 다 망해가. 그런데 봐. 겉으로는 번지르르하니 보기에 멋있어. 신기하지? 왜 그런지 알아?

사장이 종수를 쳐다본다. 물론 종수는 대답을 할 수 없다.

사장　돈이 돌거든. 돈을 계속 빌려준단 말이야. 싼 이자로. 그래서 차도 뽑고, 사무실도 리모델링 하고, 광내는 거야. 망해가면서…… 여기뿐이 아니야. 전 세계가 그렇게 돌아가. (손가락으로 허공을 가리키며) 우리 눈에 안 보이는 것 같지만…… 우린 다 자본의 논리 속에서 사는 거야. 자본이 신이야. 너도 글을 쓰려면 이제 세상을 알아야 돼. (길 건너를 향해 버럭 소리친다.) 거기 주차 안 돼요!

길 건너를 보다가, 사장은 지갑을 꺼내더니 5만 원권 두 장을 종수에게 건넨다.

사장	이걸로 저녁에 고기 좀 사 먹어라. 얼굴 꼴이 그 게 뭐냐? 남는 걸로 파주 가는 차비 하고…….

종수는 그 돈을 받아야 할지 망설인다.

사장	받어! (종수의 손에 쥐어준다.)
종수	(돈을 받으며) 저…… 사장님, 제 페이는 언제 들 어올까요?
사장	그거? 이번에는 정산이 좀 늦네. 우리도 아직 수 금이 안 됐어. 금방 될 거야. 무슨 소린지 알어?
종수	……네.

종수의 어깨를 툭 치고 사무실 건물 안으로 들어가는 사장. 종수는 잠시 그 자리에 그대로 서서 사장이 말한 거리 풍경을 보고 있다.

28. 해미 집 앞 (내부/낮)

해미의 집 앞에 세워져 있는 종수의 낡은 픽업트럭.

29. 해미 방 (내부/낮)

도어락 번호 키를 누르는 소리가 들리고 문이 열리면, 해미의 원룸으로 들어오는 종수. 방 안을 둘러보지만, 오늘도 보일이는 보이지 않는다. 그래도 그는 침대 밑에 고양이밥을 내놓고, 물도 받아서 내려놓는다. 종수는 고양이를 보지 못하지만 보일이의 이름을 부르며, 말을 건다.

종수   보일아⋯⋯. 어디 있니? 보일아⋯⋯. 꼭꼭 숨어라, 머리카락 보일아⋯⋯.

허리를 굽혀 침대 밑을 들여다보고 뭔가를 발견한다. 모래를 담은 고양이 변기다.

종수   오호! 요런 것도 있었네. 요게 뭘까요? 보일 씨? 몸을 숨길 거면 똥은 감추고 숨겼어야지? 나한테 똥부터 소개하네. 응? 나이스 투 미츄 하기도 전에⋯⋯.

종수는 침대에 앉아서 해미가 살던 삶의 흔적을 바라본다. 창밖으로 멀리 남산타워가 보인다. 종수의 시선이 이번에는 책꽂이에 붙은 해미의 사진으로 옮겨간다. 나레이터 모델 의상을 입은 해미가 그를 보고 웃고 있다.

그는 그 자리에 앉은 자세로 바지를 내리고 자위를 하기 시작한다. 좁은 방의 정적 속에 들릴락 말락 피부가 마찰하는 듯한, 옷과 허리띠의 버클이 스치는 것 같은 소리와 여린 숨소리가 이어진다. 이윽고 절정에 이른 순간, 왠지 그의 표정은 쾌감이 아니라 고통을 느끼는 것처럼 보인다. 그는 잠시 침묵 속에 눈을 감고 있다가 다시 눈을 뜬다.

그를 보며 웃고 있는 해미의 사진.

30. 법원 현관 (내부/낮)

의정부 지방법원 고양지원 현관. 종수가 유리문을 열고 들어와 로비 안을 둘러보다가 법정으로 들어가는 검색대 쪽으로 간다.

31. 법정 복도/안 (내부/낮)

종수가 재판정의 뒷문으로 들어가려 할 때 앞선 재판의 방청객들이 우르르 나오고 있다. 종수와 엇갈려서 지나치는 그들의 표정이 다양하다. 안으로 들어가면 방청석에는 아무도 남아 있지 않고. 종수는 텅 빈 방청석에 혼자 앉는다. 정면에 보이는 판사석에는 세 명의 판사가 앉아 있고, 그 앞에 좌우로 검사석과 피고인석, 변호인석이 있고, 가운데 두 명의 서기가 앉아 기록을 하고 있다. 주심 판사가 마이크에 대고 말한다.

판사   2017 고합 42 피고 이용석!

누군가 종수 곁을 지나 앞으로 나간다. 머리가 벗겨지고 나이 들어 보이는 변호사가 변호인석에 가서 앉는다. 경위가 옆문을 열고 소리친다.

경위   이용석 씨!

좌측 가슴에 번호가 적힌 황색 수인복을 입은 오십 대 후반의 남자(용석)가 두 명의 교도관에 이끌려 피고인석으로 가서 선다. 무표정하게 그 모습을 보고 있는 방청석의 종수.

판사   생년월일 한번 얘기해보세요.
용석   58년 6월 21일입니다.
판사   (차분하고 단조로운 어조로 말한다. 마치 어린아이를 달래는 초등학교 선생님 같은 말투다. 특히 문장의 끝을 조금씩 올려서 말하는 것이 그런 느낌을 준다.) 네, 피고인은 진술을 전부 거부할 수 있으시고요, 특정한 질문에 대해서만 거부할 수도 있으시고, 유리한 내용은 자유롭게 말씀하실 수 있으십니다. 진술을 거부할 경우에도 그로 인해서 불이익 받는 일은 없으시고요, 다만 진술 거부를 포기하고 진술하실 경우에 불리하게 유죄의 증거로 사용되는 경우가 있으십니다. 이해되셨어요?

용석 네.

판사 예. 그럼 검찰에서 소기의 공소장에 의해서 모두진술 해주십시오.

변호인석 맞은편의 검사석에 삼십 대의 여자 검사가 앉아 있다. 그녀는 마이크에 대고 책을 읽는 것처럼 단조롭고 빠르게 말한다.

검사 피고인 이용석은 축산업을 하는 자로서 2017년 7월 20일 파주시 시청 공무원에게 위험한 물건인 의자를 휘둘러 정당한 직무 집행을 방해함과 동시에 6주간의 치료를 요하는 우측 수지 골절 등의 상해를 입게 하였습니다.

판사 예, 방금 들으신 바와 같은 내용이 담겨 있는 공소장, 받아보셨나요?

용석	네.
판사	그럼 거기에 대해서 모두 인정하시는지 여부와, 하실 말씀 있으시면 하세요.
변호사	피고인은 모든 공소 사실을 인정하고 있습니다.
판사	네, 이용석 씨 변호사님 말씀 맞으세요?
용석	…….

용석이 대답 없이 방청석 쪽을 보고 있다. 텅 빈 방청석에 혼자 앉아 무표정하게 쳐다보고 있는 종수.
변호사가 용석을 돌아보고, 방청석의 종수를 본다.

판사	이용석 씨!

종수는 자리에서 일어나서 법정 밖으로 나간다.

32. 변호사 사무실 (내부/낮)

변호사 사무실. 종수가 '씬 31'의 변호사와 소파에 마주 앉아 있다. 변호사는 벗겨진 머리를 가리려는지 실내에서도 미국 프로야구팀 모자를 쓰고 있다. 그의 뒤로 책상 위에 놓인 '변호사 박상구'라는 명패가 보인다. 종수는 책상 위와 책장 등에 진열된 크고 작은 장식품들을 본다.

변호사 (친근한 어조) 학교는 마쳤고?

종수 ······예.

변호사 그런데 아직 취직을 못 했어? 전공이 뭔데?

종수 문예창작과 나왔습니다.

변호사 문예창작! 글 쓰는 과네. (사이. 미소를 띤 채 말없이 보다가) 무슨 글을 창작하는데?

종수 ······소설을 쓰려고 하는데요.

변호사 소설? (감탄하듯) 이야······. 그래, 어떤 소설을 쓰고 싶은데?

종수 예, 아직······.

변호사 아버지에 대해 쓰는 거 어때? 내가 보기에 니 아버지야말로 소설의 주인공 같은 사람이야. 파란만장하잖아, 인생이······. 진짜 또라이였다. 원래 또라이가 소설의 주인공 되잖아. 파주 제일고등학교 전체에서 일등이었어. 성적 말고 자존심이······. 중동에서 개고생하고 왔을 때 내가 그랬다. 그 돈 갖고 강남 어딘가 가서 아파트 한 채 사두라고. 절대 후회하지 않는다고. 그런데 안 한대, 그 자존심 때문에. 그러고는 고향에서 무슨 축산업 한다 어쩐다, 이러다가 다 말아

먹고 지금 저렇게 됐잖아. 지금도 그래. 피해자

한테 싹싹 빌고, 반성문 쓰고, 판사한테 탄원서

올리고, 그래야 집행유예라도 바라볼 수 있는데

안 한다잖아, 고집 부리고……. 친구가 변호사

라고 선임해놓고는, 변호사 말도 안 들어요. 그

래서 널 보자고 한 거야.

종수   …….

변호사   아버지한테 면회 가서 이야기 잘 좀 해봐. 성질

         좀 죽이고 반성문 쓰시라고…….

종수   (대답이 없다.)

변호사   내일이라도 당장……. 알았지?

종수   …….

종수가 여전히 대답이 없자, 변호사는 어이가 없다는 듯 쳐다

본다. 종수의 얼굴이 벌겋게 달아오른다. 두 사람 사이에 침

묵이 흐른다.

33. 해미 방 (내부/낮)

종수가 방에 들어온다.

종수　　　안녕, 나 또 왔어…….

여전히 보일이는 어딘가 숨어서 나오지 않는다. 그는 비어 있는 먹이 그릇에 고양이 밥을 놓아둔다.

종수　　　오늘도 얼굴 안 보여주냐……? 보름이나 지났는데…….

해미의 빈 침대에 앉아 창밖의 남산타워를 바라본다.
시점 숏. 창밖으로 보이는 남산타워. 그 위로 들리는 부시럭거리는 소리. 이어서 피부가 마찰하는, 옷과 허리띠의 버클이 스치는 소리와 함께 여린 숨소리가 이어진다.
종수가 바지를 내리고 자위를 하고 있다. 한창 자위를 하는 중에 전화벨 소리가 들린다. 휴대폰 화면에 복잡한 번호가 떠 있다. 바지를 끌어올리고 전화를 받는 종수.

종수　　　여보세요?
해미(F)　　……여보세요? 와, 됐다! 여보세요? 나야 해미…….
종수　　　(얼굴이 밝아진다. 그런데 뭐라고 말을 해야 할지 모르는 것 같다.) 아…….
해미(F)　　(좀 들뜬 목소리) 나 지금 진짜 힘들게 전화한 거야. 지금 케냐의 나이로비 공항에 있는데……
공항 근처에, 뭐야, 폭탄이 터졌다고 사흘째 공
항 안에 갇혀 있었어.

종수   너 괜찮아?

해미(F)   괜찮아. 여긴 이런 일이 자주 있나 봐. 하여튼
드디어 비행기를 타게 됐거든? 내일 오후 네 시
도착인데…… 너 공항으로 나와줄래?

종수   그럼, 나갈게. 나가야지. ……여보세요?

전화가 갑자기 끊어진 듯, 종수는 잠시 그대로 앉아 있다. 그
리고 일어나서 주섬주섬 바지를 올려 입는다.

34. 입국장 (내부/낮)

인천공항 입국장 게이트 앞. 종수가 많은 인파 사이에 서서
해미가 나오기를 기다린다. 게이트를 나온 사람들 중에는 중
국인 관광객들이 많다. 이윽고 종수의 얼굴이 밝아진다.

해미   (종수를 보고 여행가방을 끌며 다가온다.) 와……
이종수…….

종수   (감정을 애써 숨긴 덤덤한 표정으로) 왔네.

해미의 뒤에서 함께 입국장을 나온 삼십 대 중반의 남자가 미소를 띠며 서 있다. 종수는 처음에 그를 알아차리지 못한다. 해미가 그를 돌아보며 말한다.

해미   벤 오빠, 여긴 나의 하나뿐인 친구 이종수.
벤   (종수에게 손을 내밀며) 벤이라고 합니다.
종수   (얼떨결에 악수하며) 예……. 안녕하세요?
해미   우린 나이로비 동지야. 나이로비 공항에서 사흘
          동안의 불안한 시간을 함께 보낸……. (웃으며
          벤을 쳐다본다.)
벤   (종수에게) 한국인은 우리 둘밖에 없었어요.

종수는 당황한 감정을 숨기려 애를 쓴다. 벤은 아프리카 여행에서 돌아온 사람답게 까맣게 탔지만 매우 잘생긴 얼굴이다. 아프리카 관광 기념품 같은 싸구려 티셔츠는 구겨지고 땀에 절어 보여도 왠지 자연스럽고 그에게 잘 어울리는 것 같다.

해미   (벤을 쳐다보며) 배고파요. 비행기에서 계속 자
          느라고 아무것도 못 먹었어. 빨리 가서 한식 먹
          었으면 좋겠어. 곱창전골 같은 거.
벤   곱창전골이라야 돼?
해미   이상하게…… (웃음) 아까부터 곱창전골에 딱

꽂혔어.

벤   내가 서울에서 최고로 잘하는 곱창집 알고 있는
데…….

해미   정말? (종수를 돌아보며) 종수야, 우리 곱창전골
먹으러 가자!

웃으며 종수를 보는 해미와 벤. 둘은 마치 함께 여행을 떠났
다가 돌아온 사람들 같다.

35. 주차장 (내외부/낮)

공항 주차장으로 걸어가는 종수의 뒤로 달달달 여행용 가방
이 끌리는 소리가 따라온다. 해미의 배낭을 어깨에 멘 채 말
없이 혼자 걸어가는 종수의 뒤를 해미와 벤이 가방을 끌며 몇
걸음 뒤에서 이야기하며 따라오고 있다. 재미있는 이야기를
하는 듯 소리 내어 웃기도 한다. 벤의 웃음소리는 뭔가 좀 특
이한 웃음소리다.
주차장에 세워둔 종수의 낡은 픽업트럭에 도착하는 세 사람.
종수는 말없이 픽업트럭의 짐칸에 두 사람의 여행가방을 싣
는다. 그리고 벤을 위해 뒷자리의 문을 열어준다.

벤   (활달하게) 신세 좀 질게요.

종수의 옆자리에 해미가 앉자, 종수는 차를 출발시킨다.

36. 차 안 (외부/저녁)

공항 고속도로를 달리는 종수의 차. 운전을 하면서 종수는 룸미러에 비친 벤에게 자주 시선을 준다. 벤은 누군가와 통화를 하고 있다. 해미는 해미대로 핸드폰을 들여다보고 있고, 차 안에는 통화하는 벤의 목소리만 들린다. 그의 목소리는 은근하고 부드럽다.

벤   ······여보세요. ······예. 들어가고 있어. 친구 차
           타고······. 친구가 마중 나왔네. 뭐라고? ······
           응, 응, 응······. 건강해요. 건강 하난 타고났잖
           아. DNA가 우수하니까······. 예? 으흐······. (웃
           는다. 킬킬거리며) 미치겠다, 진짜······. 와······
           왜 그렇게 순수하냐? 나이도 드실 만큼 드신 여
           자가······. 기록해놔야 돼, 그건······. 김명숙 씨
           개인사적으로 중요한 일이니까. (웃는다.) 흐
           흐······. 응? 음······ 나도 보고 싶어······. 이번

주에 한번 들를게요. 예, 엄마······.

벤이 전화를 끊자, 차 안에는 침묵이 흐른다. 벤의 그 은근한
목소리와 웃음소리가 기묘한 여운을 남긴 것 같다. 해미는 말
없이 창밖에 시선을 보내고 있고, 종수 역시 침묵 속에 운전
을 하고 있다.

37. 곱창집 (내부/밤)

그리 크지 않은 곱창집. 서민적이면서도 편안해 보이는 전형
적인 맛집 같다. 세 사람은 식사를 거의 마쳤고, 해미 혼자 소
주를 마시며 아프리카 얘기를 하고 있다. 그녀는 주로 종수를
향해 말한다.

해미   칼라하리 사막 가는 길에 '선셋 투어'라는 코스
가 있더라고. 사막에 해 지는 걸 보여주는 거래.
그래서 갔더니, 그냥 주차장 같은 데야. 아무것
도 없고······ 관광객들이 버린 쓰레기만 쌓여 있
고······. 다른 사람들은 다 같이 왔는데 나만 혼
자잖아. 정말 거기 있으니까 혼자라는 생각이
너무 드는 거야. 나 혼자 여기까지 뭐 하러 왔나

싶고……. 그런데 해가 지는 거야. 저어기 끝없는 모래 지평선에 노을이 지는 거야. 처음에는 주황색이었다가, 그다음에는 피 같은 붉은 색이었다가……, 그러다 보라색, 남색이었다가……. 그러면서 점점 더 어두워지면서 노을이 사라지는데…… 갑자기 막 눈물이 나는 거야. 아, 내가 세상의 끝에 왔나 보다…… 그런 생각이 들면서…… 나도 저 노을처럼 사라지고 싶다……. 죽는 건 너무 무섭고, 그냥 아예 없었던 것처럼…… 사라질 수 있었으면 좋겠다…….

이야기하는 그녀의 두 눈에서 눈물이 흘러내린다. 그런 그녀를 종수가 말없이 바라본다. 벤도 해미를 본다. 희미하게 미소 지으며, 무심할 정도로 평온해 보이는 시선으로. 그가 말한다.

벤   난 사람이 눈물을 흘리는 게 신기해.

해미   (쑥스럽게 눈물을 닦으며) 신기해? 왜요?

벤   아, 왜냐하면…… 난 눈물을 흘리고 울어본 적이 없거든. 아주 어렸을 땐 그랬을 텐데…… 내 기억 속에서는 난 눈물을 흘려본 적이 없어요.

해미   (감탄하듯) 진짜 신기하다.

종수   그래도 슬픈 감정을 느끼긴 하시잖아요.

벤   그럴지도 모르지만…… 눈물이란 증거가 없으
         니 그게 슬픈 감정인지도 모르죠.

벤이 이야기하며 미소 짓는다. 그가 웃을 때, 얼굴은 웃고 있
어도 두 눈은 웃지 않는 것처럼 보인다. 미소 지을 때도 반쯤
내려온 속눈썹 뒤에서 그의 두 눈은 인광(燐光)처럼 반짝인다.

종수   혹시 무슨 일 하시는지 물어봐도 돼요?
벤   그냥…… 이것저것 해요. 이야기해도 잘 모르실
         건데…… 간단히 말하면 (웃으며) 그냥 노는 거
         예요.
종수   놀아요?
벤   예, 요즘은 노는 것과 일하는 게 구분이 없어졌
         거든요.

종수는 그의 말이 이해가 잘 되지 않는다는 표정이다.

벤   종수 씨는…… 언제부터 글을 써야겠다고 생각
         했어요?
종수   (약간 당황해서) 글쎄요…… 언제부터인지 잘 모
         르겠는데요.
벤   나는 늘 그런 게 궁금했어요. 작가는 언제 작가가

되어야겠다고 생각하는지⋯⋯. (여전히 미소를 지
으며 묻는다.) 혹시 어떤 작가를 좋아하는지 물어
도 돼요?

종수　어⋯⋯ (오래 망설이다가) 윌리엄 포크너요.

벤　아, 포크너⋯⋯. (크게 고개를 끄덕인다.)

종수　포크너 소설을 읽으면⋯⋯ 꼭 내 이야기 같다
싶은 때가 있어요.

벤　종수 씨가 소설을 쓰신다니까, 나도 언제 종수
씨하고 얘기 좀 하고 싶네요. 내 이야기를 해주
고 싶어요. ⋯⋯귀엽죠?

그가 해미를 돌아보며 말한다. 해미는 어느새 벽에 기대어 잠
들어 있다.

벤　졸리면 장소 안 가리고 그냥 잠들어요. 10초도
안 걸려요.

종수　⋯⋯.

벤　(고개를 들어 누군가를 본다.) 어, 왔어?

종수가 돌아보면 삼십 대 초반으로 보이는 남자가 다가와 벤
에게 차 키를 건넨다.

벤 후배	형, 차 이 앞에 대놨어요.
벤	땡큐. (차 키를 들고 종수를 쳐다본다.) 잠시만요.

벤은 후배를 배웅하기 위해 정답게 어깨동무하고 출입구로 간다. 그들의 이야기 소리가 들린다.

벤	올 때 좀 밟았어?
벤 후배	아니에요, 공항에서부터 그냥 얌전히 따라왔죠. (웃으며) 그게 더 힘들던데요.

무슨 농담을 하는지 벤의 킬킬거리는 웃음소리가 들린다. 그들을 보고 있는 종수. 벤이 카운터에서 계산을 하며 이쪽을 보고 웃는다. 종수는 해미를 깨운다.

종수	해미야 일어나……. 해미야. 집에 가자. 응……?

38. 곱창집 앞 (외부/밤)

식당을 나오는 세 사람. 잠에서 막 깬 해미는 좀 멍한 것처럼 보인다. 식당 밖은 약간 지저분한 이면도로다. 식당 앞 도로에는 종수의 픽업트럭 뒤에 멋진 외제 스포츠카가 세워져 있다. 벤이 그 차로 다가가자, 마치 그에게 저절로 반응하듯 차에 불이 들어오며 사이드미러가 소리 없이 펼쳐진다. 종수는 비로소 멋진 디자인의 그 쥐색 포르쉐가 벤의 차임을 알아차린다. 종수의 낡은 차와는 너무 대조적이다.

종수가 자신의 낡은 픽업트럭 짐칸에서 벤의 짐을 내린다. 그리고 해미의 짐을 어떻게 해야 할지 몰라 해미를 쳐다본다.

벤   (해미에게) 내가 집에까지 데려다줄까?

해미가 종수를 쳐다본다. 마치 어떻게 할까 하고 묻는 듯.

종수   …….

종수는 얼른 대답하지 못하고 두 사람을 본다. 두 사람도 말없이 그를 쳐다본다. 이윽고 종수가 웃으며 말한다.

종수   그래. 그렇게 해. 난 길이 머니까…….

해미가 말없이 자기 가방을 종수의 차에서 벤의 차로 옮겨 싣는다.

벤   (손을 내밀며) 종수 씨, 만나서 반가웠어요.

종수 저도요.

종수가 벤의 손을 잡는다. 벤이 종수를 향해 왠지 미안한 듯한 미소를 짓는다. 해미는 종수에게 손을 흔들어 보이며 벤과 함께 포르쉐를 타고 떠난다. 종수는 자신의 낡은 픽업트럭 옆에서 서서히 멀어지는 포르쉐를 바라보고 서 있다.

39. 동네 길 (외부/밤)

종수의 시점. 전조등 불빛이 어둠을 헤치고 종수의 집으로 가고 있다. 동네의 집들은 대부분 캄캄하게 불이 꺼져 있다.
누구의 집에선가 개가 짖는다.

40. 마당 (외부/밤)

종수의 집 마당으로 종수의 차가 들어온다. 종수가 차에서 내린다. 집 안에서 전화벨 소리가 울리는 것 같다.
종수가 급히 마루문을 열고 들어간다.

41. 집 안 (내부/밤)

어두운 집 안으로 급히 들어와 전화를 받는 종수.

종수   여보세요.

저쪽은 말이 없는 것 같다. 잠시 대답을 기다리다가 종수가
말한다.

종수   ……말을 하세요. 전화를 했으면 말을 해야죠.
          누군데 왜 전화를 걸어서 아무 말이 없는 거예
          요? 예?

그래도 상대는 말이 없는 것 같다. 결국 수화기를 내려놓는
종수.

시간 경과. 어둠 속 소파에 누워 있는 종수의 얼굴.
잠을 자지 못하고 있다. 휴대폰을 들어서 본다. 휴대폰 불빛
에 그의 얼굴이 창백하게 드러난다.

42. 집 안 (내부/낮)

작은 방의 책상에 앉아 있는 종수. 노트북 화면을 바라보고 있다. 빈 화면에 커서가 깜박인다. 종수는 노트북에 뭔가 글을 쓰려다가 지운다. 아무래도 글이 써지지 않는 것 같다. 오늘따라 대남 방송 스피커 소리가 더 또렷하게 들린다. 책상 위에 놓인 휴대폰을 본다. 화면에 해미의 인스타그램이 있다. 아프리카 여행 중에 찍은 사진들이 몇 장 보인다. 그중에 검은 지평선 위로 석양의 마지막 빛이 희미하게 번져 있는 사진도 있다. 문자 도착 알람 소리가 들린다.

인서트. 휴대폰 화면에 뜬 문자 메시지.

[Web 발신]

이종수님 9/20 기준 한국장학재단 대출금 상환이 연체 중.

확인 후 빠른 정리 바랍니다. 국민은행입니다.

43. 집 안 (내부/낮)

부감. 마룻바닥에 똑바로 누워 있는 종수. 벽을 향해 테니스 공을 던진다. 튕겨 나오는 공을 다시 던진다. 그 동작을 계속한다. 어릴 때부터 혼자서 많이 해본 것 같다. 종수의 시점으로 반복해서 벽을 향해 날아갔다가 튕겨 나오는 테니스공. 그 옆에 붙어 있는 사진 액자.

인서트. 운동회 날 아버지와 함께 서 있는 어린 종수.

44. 집 안 (내부/낮)

작은 방의 책상에 앉아 노트북 화면의 자판을 두드리고 있는 종수. 오랜만에 열중해서 글을 쓰고 있는 것 같다. 때때로 표현이 마음에 드는지 혼자 피식 웃기도 한다.

노트북 화면 인서트. '탄원서'란 제목이 보이고, 피고인 이용석, 주소와 주민등록번호, 그리고 "존경하는 판사님, 먼저 사법적 정의를 위해 애쓰시는 판사님의 노고에 대해 신뢰와 경의를 표합니다"로 시작하는 탄원서의 내용이 보인다.

45. 이웃집 (외부/낮)

동네에 있는 어느 허름한 농가. 열려진 문으로 종수가 들어선다. 보드에 끼워진 탄원서를 손에 들고 있다.

종수   안녕하세요? (대답이 없자) ……실례합니다.

안에서 사람 소리가 들린다. 그러나 억양이 좀 이상하다.

여자(소리)　　아무도 없어요. 무슨 일이에요?

방문이 열리고, 베트남 사람처럼 보이는 여자가 몸을 내민다. 네댓 살 먹은 어린아이의 모습도 보인다.

여자　　　　(서툰 한국말로) 무슨 일이에요?
종수　　　　……아저씨 안 계세요?
여자　　　　없어요. 무슨 일이에요?
종수　　　　예…… 탄원서에 사인 받으러 왔는데…….
여자　　　　없어요.
종수　　　　예…… 다음에 올게요.

돌아서 나가는 종수.

46. 비닐하우스 농장 (외부/낮)

마을에 있는 대형 비닐하우스 앞. 일을 하던 사람들이 배달되어온 점심식사를 하고 있다. 대부분 육십 대가 넘은 동네 주민들 가운데 삼십 대 필리핀 여자가 끼어 있는 것이 눈에

띈다. 늙은 마을 주민 한 명이 필리핀 여자에게 막걸리를 권
하고, 필리핀 여자가 웃으며 받는다. 그녀의 웃음소리는 좀
독특하다.

한쪽에서 역시 육십 대의 이장이 쪼그리고 앉아 탄원서 종이
를 오래 들여다보고 있고, 종수는 그 앞에 서 있다. 이장이 탄
원서를 보면서 말한다.

이장   ……사실 나는 아버지를 잘 몰라. 동네 사람하
              고는 별로 내왕도 없었고, 뭘 해도 항상 혼자 따
              로 놀던 사람이라서…….
종수   이장님, 이건 그냥 탄원서니까요, 뭐 불이익이
              있거나 그런 건 아니고요…….
이장   아니, 여기…… (읽는다.) 피고인 이용석은 평소
              에 순박한 농부였고 정다운 이웃이었습니다. 이
              렇게 돼 있는데…… 솔직히 정답지는 않았다는
              얘기지.
종수   ……예. 죄송합니다.
이장   우리끼리 얘기야. (쳐다보며) 글 잘 쓰네?
종수   예…….

이장은 탄원서의 서명란에 주소와 이름을 쓰기 시작한다.

종수	저, 이장님. 집에 남은 송아지 한 마리가 있는데요…… 혹시 살 사람 있을까요?
이장	……소? 여자애, 남자애?
종수	예, 암놈입니다.
이장	한번 알아봐야겠네.

종수의 전화벨이 울린다. 종수가 받지 않자, 이장이 쳐다본다. 종수는 몇 걸음 걸어가서 전화를 받는다.

| 종수 | 여보세요? |

47. 전철 안 (내부/낮)

어두운 전철 차창에 비친 종수의 얼굴. 차가 덜컹거릴 때마다 흔들린다.
전철 손잡이를 잡고 서서 종수가 자기 얼굴을 보고 있다. 햇빛이 갑자기 쏟아져 눈을 찌푸린다. 지하에서 지상으로 나가는 전철. 안내 방송이 들린다.

| 안내 멘트 | 이번 역은 동작, 현충원 역입니다……. |

48. 골목길 (외부/낮)

방배동 서래마을의 어느 주택가 골목. 골목 양편으로 깔끔하고 세련된 건물들이 보인다. 종수가 걸어 올라온다. 핸드폰을 보며 주변을 살피는 것이 핸드폰 속 지도를 보는 것 같다.
카페 간판을 올려다보고 걸음을 멈춘다. 카페 입구는 계단을 내려간 반지하에 있다. 안이 어두워서 유리창에 종수 자신의 모습이 비쳐 보인다. 그는 그 유리창에 비친 자신의 모습을 보며 점검한다.

49. 카페 (내부/낮)

세련되고 우아한 카페 내부. 앙각으로 보는 누군가의 시점. 통유리창 너머 창에 비친 자신의 얼굴을 보는 종수의 모습이 보인다. 이윽고 그는 계단을 내려와서 카페 문을 열고 들어온다. 안쪽 창가 자리에 앉은 해미가 손을 흔든다. 그쪽으로 다가가는 종수. 오늘따라 꽤 여성스럽게 꾸미고 나온 해미가 좀 낯설게 느껴진다.
자리에 앉은 종수는 테이블에 커피 잔 두 개가 놓여 있는 것을 본다.

종수　　　……누가 또 있어?

해미가 통유리로 된 또 다른 창을 가리킨다. 통유리창 너머 바깥에서 통화를 하고 있던 벤이 웃으며 종수에게 손을 흔든다. 종수가 엉거주춤 자리에서 일어나 인사한 뒤 다시 자리에 앉는다. 그와 해미 사이에 잠깐 어색한 침묵이 흐른다. 벤과 같이 있다는 것을 안 순간부터 종수는 할 말을 잃은 것 같다. 벤이 서둘러 자리로 돌아온다.

벤　　　(종수에게 손을 내밀며) 종수 씨, 반갑네요.

두 사람이 악수한다. 벤의 옷차림은 마치 동네 마실 나온 것처럼 티셔츠와 반바지, 샌들 차림이다. 그래서 더욱 편안하고 느긋해 보이고, 오늘따라 신경 써서 꾸미고 나온 것 같은 해미와 대조적으로 보이기도 한다.

벤　　　(미소 띤 얼굴로 해미를 돌아보며) 해미가 종수 씨 보고 싶다고 해서…….
해미　　　(종수에게) 아니, 오빠가 먼저 너 자꾸 부르재.

종수는 말없이 어색한 미소를 지으며 앉아 있다.

벤	찾는 데 힘 안 들었어요?
종수	아니요, (핸드폰을 들어 보이며) 그냥…… 핸드폰 보고 찾아왔어요.
해미	여기가 오빠가 사는 동네래.
종수	예……. 동네 예쁘네요.
벤	조용해요.
해미	(벤에게 손바닥을 내밀며) 계속해, 오빠. (종수를 돌아보며) 오빠가 나 손금 봐주고 있었어…….

벤이 고개를 숙여 진지하게 그녀의 손금을 들여다본다.

벤	해미한테는 다른 사람하고 다른 뭔가가 있어.
해미	그게 뭔데?
벤	음……. 마음에 뭔가가 있어. 마음에 돌이 있어. 그 돌이 해미를 힘들게 하고 있어. 그거 때문에 뭘 해도 백 프로 즐겁지가 않은 거야.
해미	아…….
벤	그것 때문에 맛있는 걸 먹어도 맛있지가 않고…… 마음에 드는 남자 만나도 좋다 소리를 못 하고…….
해미	(진지하게) 어떻게 하면 돼요?
벤	빼내야지. 내가 빼내줄까?

버닝 각본집

해미	(웃으며) 오빠가 빼낼 수 있어요?
벤	날 믿으면 돼. 내 손을 잡아봐. 눈을 감고…….

슬쩍 종수 쪽을 쳐다본 뒤 해미는 벤의 손을 잡고 눈을 감는다. 벤도 눈을 감는다. 말없이 보고 있는 종수.

벤	(작은 소리로) ……이제 손을 펴봐.

손을 펴는 해미. 그녀의 손바닥에 작고 까만 조약돌이 있다. 해미가 탄성을 지른다.

해미	뭐야, 이거?
벤	뭐긴, 돌이잖아! 내가 너의 마음에서 빼냈잖아.
해미	(어이없이 웃음을 터뜨리며) 이 돌 어디서 났어?
벤	(장난스레 킬킬대며) 아까…… 저기 화단에서 주워왔지.
해미	이거 하려고? 저기서 일부러 주워온 거야? 왜?
벤	재밌잖아. 재미만 있으면 난 뭐든지 해…….

다시 웃는 해미. 벤도 웃는다. 그러다 웃음을 그친다. 종수가 벤을 보면, 순간적으로 그는 속을 알 수 없는 공허한 표정 같은 것을 짓고 있다. 마치 금세 재미가 없어지고 권태를 느끼

는 것처럼. 사이.

벤	종수 씨, 파스타 좋아해요?
종수	(갑작스런 질문에 약간 당황한다.) 예?
해미	오빠가 집에서 맛있는 파스타 요리 해준대.

50. 빌라 입구 (내외부/낮)

벤이 종수와 해미와 함께 카페 쪽에서 걸어와 자기가 사는 빌라로 들어간다. 그리 크지 않은 고급 빌라의 1층은 주차장이다. 벤이 늙은 경비원과 인사한다. 그는 경비원과도 격의 없이 잘 지내는 것 같다.

51. 벤의 집 (내부/낮)

벤의 집. 경쾌한 음악이 흘러나오고 있다. 벽에 붙은 사진과 그림 액자들. 주로 포스트모던한 이미지들이다. 종수가 그 액자들과 책장의 책들을 보고 있다. 주방과 이어진 아담한 거실. 별로 평수가 넓지 않은 빌라지만, 차분하고 세련되어 보인다. 그곳에서 벤은 혼자 살고 있는 모양이다. 벤이 주방에서 요리를 하고 있고, 해미가 옆에서 거들고 있다. 벤은 정말 요리하는 것을 즐기고 있는 것 같다.

해미　　오빠 솜씨가 장난이 아니네. 난 요리 잘하는 사람이 부럽더라. 종수야, 너도 요리 잘해?

종수　　자취하니까 하긴 하지⋯⋯. 할 줄 아는 게 몇 개 없어.

벤　　(능숙하게 칼질하면서) 내가 요리를 좋아하는 건, 내가 생각하고 원하는 걸 내 마음대로 만들어낼 수 있어서야. 그리고 더 좋은 것은 그걸 내가 먹어버린다는 거지. 인간이 신에게 제물을 바치듯이⋯⋯. 난 나 자신을 위해서 제물을 만들고, 내가 그걸 먹는 거야.

해미　　제물?

벤　　제물은⋯⋯ 말하자면 그냥 메타포야.

해미　　메타포는 또 뭐야? 무슨 말이야?

벤　　메타포에 대해선⋯⋯ (빙긋 웃으며 종수를 본다.) 종수 씨에게 물어봐.

해미가 종수를 돌아본다. 종수가 그녀에게 천천히 다가와서 말한다.

종수	(작은 소리로) ······해미야. 화장실 어딘 줄 알아?
해미	오빠, 화장실이 어디야?
벤	(손가락으로 복도를 가리킨다.) 복도 안쪽.

벤이 가리키는 데로 화장실을 찾아가는 종수.

52. 욕실 (내부/낮)

별나게 화려하진 않으나 크고 깨끗하고 밝은 공간이다. 바닥이 마루로 된 서구 스타일이어서 그런지 이국적으로 느껴진다. 용변을 마친 종수는 변기 물을 내린 뒤 거울에 비친 자신의 모습을 본다. 왠지 자신의 얼굴조차 낯설게 느껴진다.
그는 선반 장식장 문을 열어본다. 마치 몰래 금지된 행위를 하는 것처럼 긴장한 얼굴이다. 하얗게 세탁되어 가지런히 놓인 수건들, 알 수 없는 화장품과 약병 같은 것들이 있다. 그리고 화장 가방 같은 장밋빛 가죽 케이스도 놓여 있다. 왠지 모를 호기심으로 케이스를 열어보면, 뚜껑 안쪽에 거울이 달려 있고 내부에는 화장용품들이 종류별로 정리돼 있다. 가방을 닫고 나서 그는 다시 선반 아래쪽에 있는 서랍을 열어본다.
인서트. 서랍 안에 든 여자들의 물건들.
목걸이, 액세서리, 머리핀 같은 작은 물건들이 마치 소중한 ·

수집품처럼 보관되어 있다. 얼핏 보기에도 그리 비싸지 않은 물건들처럼 보이고, 그래서 이런 것들을 일부러 수집해놓은 것이 좀 이상해 보인다.

이게 뭘까 하는 표정이지만, 조심스럽게 서랍을 도로 닫는 종수. 다시 선반 장식장 문을 닫고 욕실을 나간다.

53. 베란다 (외부/저녁)

식사를 마친 뒤 종수와 해미는 벤의 집 베란다에 서서 담배를 피우고 있다. 언덕 위에 있는 벤의 집 베란다에서 방배동의 조용한 주택가 풍경이 내려다보이고, 그 너머로는 이제 막 불이 들어오기 시작한 고층 건물들이 보인다. 바람이 좋은 저녁이다. 해미의 머리칼이 바람에 흩날린다.

종수　저 사람 성이 뭐야?

해미　성…… 몰라. 그냥 벤이라고 부르래. 그래서 그 냥 벤 오빠라고 불러.

종수　나보다 몇 살 많아?

해미　여섯 살? 일곱 살?

종수　어떻게 하면 젊은 나이에 저렇게 살 수 있지? 여유 있게…… 해외여행 다니고…… 포르쉐 몰고…… 음악 들으며 파스타 삶고…….

해미   젊은 나이라도 돈이 많나 보지.

종수   위대한 개츠비네.

해미   (쳐다보며) 무슨 말이야?

종수   뭘 하는지는 모르겠는데 돈은 많은, 수수께끼의 젊은 사람들……. 한국에는 개츠비가 너무 많아.

종수가 고개를 돌려 거실 쪽을 보면 따라서 돌아보는 해미. 거실 창 너머로 식탁을 치우고 있는 벤의 모습이 보인다. 그는 뭔가 즐겁고 흥겨운 듯한 표정이다.

종수   저 사람이 왜 너를 만나? 그거에 대해 생각해본 적 있어?

종수의 물음에 해미가 쳐다본다. 마치 그런 걸 왜 생각해야 하느냐는 듯한 표정으로.

해미   오빠가…… 나 같은 사람 좋아한대. ……흥미 있대.

말없이 담배를 피우고 있는 종수. 거실의 벤을 본다.

54. 와인 바 입구 (외부/밤)

어느 와인 바 앞. 벤과 종수, 그리고 해미가 택시에서 내린다.
와인 바 입구에서 몇 사람이 담배를 피우고 있다가 벤과 인사
한다. 아마도 이곳은 벤의 단골 와인 바이고 그들은 벤의 친
구나 후배들인 것 같은데, 학창 시절부터 오래 만나온 것처럼
편하고 친근한 사이로 보인다. 해미가 그들과 인사를 나누는
걸로 봐서 이미 서로 안면이 있는 것 같다.
벤이 그들에게 종수를 소개한다.

벤   여긴 나의 새로운 친구 이종수 씨……. 소설을
             쓰셔.
여자 후배1   아, 작가세요?
종수   아…… 아직 정식으로 등단하진 않았고요……
             그냥 습작하고 있어요.

종수가 변명하듯 말하자, 벤이 옆에서 거든다.

벤   작가는 쓰면 작가야. 라이터. 쓰는 사람.
여자 후배1   (웃으며) 오빠, 그냥 물어본 거야.

그들은 그 자리에 서서 담배를 피우며 하던 대화를 계속한다.

종수도 담배를 피운다.

여자 친구1 (담배를 든 여자 친구2의 손을 보며) 네일 색깔 예
쁘네.

남자 친구1 여자들은 욕구 불만이면 네일 새로 칠한다며?

여자 친구2 그래. 나 욕구 불만인 거 몰랐어? 요즘 나랑 스
킨십 하는 유일한 사람이 네일샵 언니잖아. 아,
한 사람 더 있다. 경락 마사지 아줌마.

다들 웃는다.

남자 친구1 얘 빨리 시집 좀 보내.

여자 후배1 결혼한 여자는 어떤지 보여줘?

여자 후배1이 자신의 화려한 손톱을 내밀어 보이자 다들 웃
는다. 종수는 해미를 본다. 그런 여자들 틈에서 해미는 좀 소
외된 듯 보인다.

여자 친구2 신혼에 시부모하고 함께 사니까 욕구 불만 될
만하지…….

여자 친구1 그래도 시아버지 카드 쓰면서 스트레스 푼대잖
아.

여자 후배1	우리 시아버진 민주주의 한다고 생각하셔. 민주
	주의는 카드로부터!
남자 친구1	(종수에게) 무슨 소설 쓰세요?
종수	(갑자기 자신에게 묻자 좀 당황한 듯) 네?

갑자기 종수에게 쏠리는 시선들. 해미도 종수를 본다. 당황한 종수가 쉽게 답을 못 하자, 잠시 어색한 침묵이 흐른다.

| 벤 | (미소를 지으며) 들어가서 얘기하지? |

일동, 가게 안으로 들어간다.

55. 와인 바 (내부/밤)

와인 바 안에서 종수는 벤의 친구들과 함께 앉아 있다. 모두들 적당히 술에 취해서 자기 집처럼 편안하게 앉아 있고, 뒤쪽 의자 위에는 커다란 검은 개가 나태하게 몸을 눕히고 있다. 해미가 사람들에게 이야기를 하고 있다. 사람들은 모두 호기심 어린 눈으로 해미를 보며 이야기를 듣고 있고, 벤도 엷은 미소를 띤 채 보고 있다.

해미	부시맨들은 밤에 모닥불을 이렇게 피워놓고 둥 그렇게 서서 춤을 춰요. 아주 옛날부터 그렇게 춤을 춰왔대요. 그중에서 가장 나이 들고 가장 지혜로운 할머니가 북을 막 치거든요. 그러면 그 리듬에 맞춰서 춤을 춰요. 춤을 출 때…… 진짜 신기한 게, 배가 공처럼 동그랗게 돼요. (시범을 보여주려 하지만 잘 안 된다.) 저는 안 되죠. 진짜 이 배 안에 이만한 공이 하나 들어 있는 것 같아요. 처음에는 두 팔을 땅으로 향하고…… 이렇게…… 이건 리틀 헝거의 춤이에요. 배가 고픈 사람의 춤……. 그리고 춤을 추다 보면 점점 두 팔이 올라가면서 하늘을 향해요. 이게 그레이트 헝거의 춤이에요. 삶의 의미를 구하는 춤. 초저녁에 시작해서 한밤중이 될 때까지 춤을 추면서 점점 리틀 헝거가 그레이트 헝거가 되어가는 거예요. 진짜…… (한숨 쉬며) 이건 말로 설명할 수가 없어요. 직접 봐야지…….
여자 친구2	(웃으며) 직접 보여주세요.
해미	정말요?
여자 친구2	네!
여자 후배2	해봐요. 재밌을 거 같은데.

버닝 각본집

해미가 벤을 보자, 벤이 고개를 끄덕인다. 해미가 자리에서
일어난다.

해미   그럼 해볼게요. 그런데 리듬이 있어야 돼요. 같
           이 손뼉을 쳐주세요. 이렇게…….

해미가 먼저 손뼉으로 리듬을 들려주자, 모두들 따라 한다.
해미는 그 소리에 맞춰 부시맨의 춤을 춘다. 두 팔이 땅으로
향하는 리틀 헝거의 춤과 하늘을 향해 두 팔을 올리는 그레이
트 헝거의 춤을 차례로 보여주며 술집 안을 돈다.
사람들이 재미있다는 듯 흥겹게 박수를 치고 웃는다. 검은 개
도 머리를 쳐들고 해미를 본다. 그러나 종수는 불편한 표정이
다. 그는 해미가 이런 자리에 어울리지 않게 순진하고 유치한
짓을 하고 있고, 사람들은 그녀를 재미있는 구경거리 보듯 하
고 있다고 느낀다.
문득 벤을 보는 종수. 벤은 마침 몰래 하품을 하고 있다. 입을
벌리지 않은 채 하품을 하다가 종수와 눈이 마주친다. 종수에
게 미소 짓는 벤. 종수는 미소 짓지 않고 벤을 본다.
해미의 우스꽝스런 춤은 계속되고 있다.

56. 차 안 (외부/밤)

달리는 차 안의 종수. 그는 벤의 친구들과 함께 차를 타고 어디론가 가고 있다. 다들 차 몇 대에 분승해서 가고 있고, 종수는 벤과 해미와 떨어져서 여자 친구1이 운전하는 차 뒷자리에 끼어 타고 있다.

여자 후배1　　（차창 밖을 보며）와, 대박!

모두들 차창 밖을 본다. 차가 어느 클럽 앞에 도착하고 있다. 클럽 입구에 사람들이 길게 줄을 서 있다.
종수의 휴대폰에서 문자 도착 알람 소리가 들린다. 종수가 고개를 숙이고 휴대폰을 본다.
인서트. 휴대폰 화면에 뜬 문자 메시지.

[Web 발신]
이종수님 9/20 기준 한국장학재단 대출금 상환이 연체 중.
확인 후 빠른 정리 바랍니다. 국민은행입니다.

57. 클럽 (내부/밤)

클럽에서 벤과 벤의 친구들이 음악에 맞춰 춤추고 있다. 해미와 종수도 함께 춤을 춘다. 사람들은 서로 몸이 닿을 정도로 비좁게 서서, 손에 든 술잔의 술을 마시기도 하면서 몸을 흐느적거리고 있다. 비좁게 선 많은 사람들 중에서도 해미의 막춤은 벤의 일행들을 자극하는 것 같다. 그들은 해미를 둘러싸고 몸을 흔들면서 해미의 춤을 보고 있다.

그런 그들과 해미를 보다가 종수는 그 자리를 떠난다. 사람들을 헤치고 혼자 클럽을 나가는 종수.

그 모습을 보면서 계속 춤을 추는 벤.

58. 강남대로 (외부/밤)

강남대로의 혼잡한 거리. 밤늦은 시간이라 사람들이 택시를 잡기 위해 차도 안까지 들어가서 팔을 흔들어대고 있고, 그 옆으로 종수가 걸어가고 있다. 인도가 아닌 어두운 차도 가로 걸어가면서, 가끔 택시가 오나 돌아보기도 하지만 딱히 택시를 타려고 하는 것 같지는 않다. 택시 잡기가 쉽지 않은 시간이라 택시들이 사람들 옆을 칠 듯이 지나간다.

"씨발!" 누군가 큰 소리로 욕설을 내뱉으며 웃는다. 술꾼들의 웃음소리가 밤거리에 울려 퍼진다. 마침 택시 하나가 종수 앞에 멈춰 서더니 손님이 내린다. 그러나 종수는 타지 않는다. 막 떠나려는 택시에 다른 술꾼들이 달려와 어린애처럼 신나서 타고 택시가 떠난다.

계속 걸어가는 종수.

59. 한남대교 (외부/밤)

걸어서 한남대교를 건너고 있는 종수. 어둠 속에서 차들이 질주한다. 얼굴을 때리는 강바람. 지나가는 차량의 불빛 속에 간간이 드러나는 종수의 얼굴.

60. 사무실 앞 (외부/아침)

아침 시간의 유통회사 사무실 건물 앞 도로. 승용차가 들어와 서고, 사장이 차에서 내린다. 건물 안으로 들어가려다 뭔가를 발견하고 천천히 그쪽으로 걸어간다. 그를 따라 카메라 팬 하면, 건물 앞 한쪽에 종수가 쪼그리고 앉아 무릎에 머리를 파묻은 채 자고 있다. 종수를 깨우는 사장.

사장   종수야……. 야…….

잠에서 깨어나 고개를 들어 사장을 보는 종수.
일어나며 인사한다.

사장   뭐야, 여기서 잤어……? (대답하는 종수의 목소리는
               잘 들리지 않는다.) 어디서부터 걸어왔는데? (종수
               가 뭐라고 말한다.) 아니 택시비가 없으면 찜질방
               에라도 가지? 찜질방 얼마야?

두 사람, 카메라 쪽으로 다가온다.

사장   너도 참 인생 피곤하게 산다…….

안으로 들어가는 두 사람.

61. 축사 (내외부/낮)

낮인데도 컴컴한 축사 안. 사료를 먹고 있는 송아지. 종수의
노랫소리가 들려온다. 송아지는 열심히 건초를 씹으며 노랫
소리가 들리는 쪽을 보고 있다. 저만치 열심히 축사를 청소하

며 노래를 하고 있는 종수. 가끔 송아지가 자신의 청중인 양 나름 송아지를 향해 제스처를 하며 노래한다. 그런 종수를 연신 풀을 씹으며 보고 있는 송아지.

휴대폰 벨 소리가 들린다. 종수는 주머니에서 휴대폰을 꺼내 확인한다. 받을지 말지 망설이는 표정. 계속 벨이 울리고, 이윽고 전화를 받는다.

종수	(목을 쓴 뒤라 헛기침을 하며) ……여보세요.
해미(F)	종수야, 너 어디야? 집이야?
종수	어…… 집이야.
해미(F)	그지? 집에 있을 거 같았어……. 있잖아, 나 지금 벤 오빠랑 거기 가고 있어.
종수	……여길? 왜?
해미(F)	차로 근처에 지나가고 있었는데, 내가 옛날에 살던 데라고 하니까…… 오빠가 한번 가보고 싶대.
종수	…….
해미(F)	지금 가고 있어. 곧 도착할 거야.

전화를 끊는 종수. 잠시 그 자리에 서 있다가 들고 있던 쇠스랑을 던져버린다. 급히 축사를 나가 마당에 지저분하게 어질러진 것들을 치우기 시작한다.

62. 마당 (외부/낮)

종수의 집 마당으로 지붕을 올린 벤의 차가 들어온다. 해미가 종수를 보고 두 팔을 휘저으며 요란하게 손을 흔든다. 지저분한 마당에 들어온 쥐색 포르쉐는 마치 불시착한 UFO처럼 이질적으로 보인다.
차에서 내리는 해미는 얇은 티셔츠에 짧은 반바지를 입고 있다. 그녀는 고개를 쳐들어 태극기를 쳐다본다.

벤   (종수와 악수를 하며) 이게 무슨 소리죠?

종수   북한의 대남 방송 스피커 소리예요.

해미   저기, 저 너머가 북한이잖아. (들판 너머 차들이
           빠르게 달리는 자유로 쪽을 가리킨다.)

벤   아…… 재밌네.

벤이 고개를 끄덕이며 그쪽을 본다.

해미   내가 살던 집이 없어져서 섭섭하네. 저어기……
           저기였는데…… 흔적도 없어졌어. (동네 안쪽을
           손가락으로 가리키며) 그리고 우물도 없어졌더
           라. 우리 집 옆에 우물이 있었잖아. 나 어릴 때
           그 우물에 빠졌었는데…… 기억 나?

종수가 고개를 흔든다.

벤 우물에 빠졌었다고? 몇 살 때?

해미 일곱 살 땐가······ 혼자 놀다가 거기 빠져가지
고······ 우물 밑에서 위를 쳐다보면서 몇 시간
동안 울고 있었어. 아무도 날 못 보면 죽는구나
싶어서 너무 무서웠는데······ 애 얼굴이 딱 보이
는 거야. 종수가 날 발견해서 구출됐지. 그런데
기억도 못하네.

벤 먹을 거 좀 사왔어요.

벤이 뒷좌석에서 커다란 봉투를 꺼낸다. 종수는 마루문 앞 현
관에 컨테이너에서 꺼내온 테이블과 의자를 놓는다. 벤이 테
이블 위에 사온 것을 꺼낸다.
음식이 호화판이다. 속이 꽉 찬 샌드위치와 싱싱해 보이는 샐
러드, 치즈와 훈제 연어와 수입산 아이스크림. 와인도 있다.

해미 (종수에게) 나 안에 들어가 봐도 돼?

종수가 고개를 끄덕이자, 그녀는 마루문을 열고 안으로 들어
간다. 종수와 벤 두 사람은 테이블 위에 계속 음식을 차린다.
종수는 벤과 둘만 있는 것이 좀 신경 쓰인다.

해미가 들어간 지 한참이 되었는데도 나오지 않자, 종수가 안으로 들어가 본다.

63. 집 안 (내부/낮)

낮인데도 불을 켜지 않아 좀 어두운 실내. 종수가 마루문을 열고 들어와 보면, 해미는 마루에 선 채 지저분한 실내를 둘러보고 있다. 그녀가 혼잣말하듯 말한다.

해미　　꼭 우리 집에 온 거 같네……. 옛날 집.

종수는 그녀의 뒤에 말없이 서 있다.

64. 마당 (외부/낮)

현관 앞 테이블 의자에 앉아 와인을 마시며 샌드위치로 식사를 하는 세 사람. 마치 오랜만에 만난 사이 좋은 친구들 같은 분위기다.

벤　　(종수에게) 분위기 나쁘지 않네요.

해미   소똥 냄새가 좀 나서 그렇지.

세 사람이 함께 웃는다.

해미   아, 좋다……. 오늘이 젤 좋은 날 같애.

해미의 얼굴은 정말 행복해 보인다.
그런 해미를 말없이 보는 종수.

65. 마당 (외부/저녁)

시간 경과. 멀리 들판에 비닐하우스들이 희뿌옇게 빛나고 있고, 그 위로 노을이 지고 있다. 노을이 지는 하늘은 그런대로 아름답다. 식사를 마친 세 사람은 마당의 평상과 낡은 등나무 의자에 앉아 와인을 마시면서 들판을 바라보고 있다. 그들의 뒤쪽 마루문 유리창에 노을 지는 하늘이 비쳐 있다.
벤이 종수를 돌아본다.

벤   나 지금 '떨' 하고 싶은데…… (종수에게) 같이
          할래요?
종수   ……떨? (해미를 돌아본다.)

해미	(말없이 그를 보며 웃는다.)
벤	대마초요.
종수	(당황해서 다시 해미를 돌아본다.)
해미	난 그거 피우면 자꾸 웃음이 나…….

벤은 알루미늄 호일로 싼 대마초를 담배 종이에 말아 입에 문다. 그리고 지포라이터를 켜서 불을 붙인다. 종수는 벤이 피우는 모습을 바라본다. 벤은 대마초 연기를 깊이 빨아들이고 10초쯤 있다가 천천히 뱉어낸 뒤, 해미에게 건네준다. 해미도 별로 어색하지 않게 피운 뒤 종수에게 건네고, 종수는 조금 망설이다가 손을 내민다.
세 사람은 한참 동안 아무 말도 하지 않은 채 대마초를 한 모금씩 피우고 차례대로 돌린다.
벤이 일어나서 마당에 세워둔 포르쉐로 가서 카오디오를 켠다. 마일스 데이비스의 '사형대의 엘리베이터'가 흘러나온다. 대마초에 취한 채 종수는 마당의 한 지점을 보고 있다. 어떤 기억에 사로잡힌 듯한 그의 얼굴.

CUT TO
플래시백. 어둠 속에서 불타고 있는 모닥불. 바람에 불길이 흔들린다.

음악에 이끌리듯 해미가 자리에서 일어난다. 그리고 티셔츠를 벗어 던져버린다. 가을의 저녁 공기에 그녀의 맨 젖가슴이 드러난다. 그렇게 가슴을 드러낸 채 그녀는 음악에 맞춰 어떤 동작을 하기 시작한다. 그것은 판토마임 같기도 하고 그레이트 헝거의 춤 같기도 하다. 그것은 해미만의 춤이다. 종수는 몽롱한 시선으로 춤을 추는 해미를 바라본다. 벤이 낮게 킬킬거리며 웃는다.

마일스 데이비스의 '사형대의 엘리베이터'가 무한 반복되는 것처럼 흘러나오고, 해미는 트럼펫 선율에 맞춰 흐느적거리며 춤에 몰두하고 있다. 종수는 다시 마당을 본다. 기억이 다시 그를 사로잡는 듯.

CUT TO

플래시백. 불타는 모닥불. 그 모닥불 앞에 쪼그리고 앉은 용석의 얼굴. 불빛이 그의 얼굴 위에서 붉게 일렁인다. 그 일렁이는 불길 너머 용석을 보고 있는 열한두 살 정도 된 아이의 얼굴이 보인다.

눈을 뜨는 종수. 음악이 그쳐 있다. 그는 해미 쪽을 돌아본다. 그녀는 어느새 의자에 주저앉아 움직이지 않고 있다. 잠이 들어버린 것이다.

66. 집 안 (내부/저녁)

종수와 벤이 잠든 해미를 들어 안으로 옮기고 있다. 해미는
가슴을 드러낸 채 시체처럼 잠들어 있다. 벤은 머리 쪽을, 종
수는 다리를 들고 마루에 있는 소파로 옮기는 동안, 그녀는
푸우푸우 숨소리를 내며 자고 있다.
벤이 재미있다는 듯이 킬킬거리고 웃는다. 벤의 그 독특한 킬
킬거리는 웃음이 뭔가 종수의 신경을 거슬리게 한다.
종수는 소파에 누운 해미에게 그녀가 벗어 던진 셔츠를 가져
다가 벗은 상체를 가리고 담요까지 덮어준다. 돌아서 가려는
데, 해미에게서 무슨 소리가 들린다. 고통에 찬 신음소리 같
은 것. 종수가 돌아서서 가까이 다가온다. 그러나 해미는 아
기처럼 고요한 얼굴로 잠들어 있을 뿐이다. 해미의 얼굴을 들
여다보는 종수.

67. 마당 (외부/저녁)

종수와 벤이 대마초에 취한 채 나란히 의자에 몸을 파묻고 있
다. 저녁의 정적이 그들을 감싸고 있다. 점점 어두워지는 서
쪽 하늘이 그들이 앉은 자리의 뒤쪽 유리문에 비쳐 있다.

종수   ······난 아버지를 미워해요.

벤은 아무런 반응이 없다. 종수는 몽롱한 상태에서 마치 지금
까지 누구에게도 해본 적이 없는 고백을 하는 것처럼 말한다.

종수   우리 아버지는요······ 분노 조절 장애가 있어요.
            가슴속에 항상 분노가 있어서 그게 폭탄처럼 터
            져요. 한번 터지면 모든 게 다 부서져요. 엄마가
            우리 남매를 두고 집을 나간 것도 그것 때문이
            었어요.

대마초에 취해서인지 종수의 목소리는 약간 자기 연민과 감
상에 젖어 있다. 그는 벤이 자신의 감정에 공감해줄 것이라고
생각하는 것 같다.
벤은 말없이 뭔가를 보며 엷은 미소를 짓고 있다. 마당을 가
로질러 뭉쳐진 비닐봉지 같은 것이 바람에 밀려 지나가다가
멈칫거리다가 다시 날아간다. 종수도 그것을 보고 있다.

종수   엄마가 집을 나간 날 아버지는 저 마당에서 밤
            에 불을 피웠어요. 아버지는 나한테······ 그걸
            시켰어요. 내 손으로 직접 하라고······.

그 기억이 실제로 보이기라도 하는 것처럼 허공을 노려보고
있는 종수의 얼굴.

CUT TO
플래시백. 모닥불에 떨어지는 엄마의 옷들. 여러 종류의 옷들
이 불길 속에 떨어지며 연기를 내며 타들어간다. 어린 종수가
그것들을 불길 속에 던져 넣고 있다. 아버지가 옆에서 보고
있다. 아이는 엄마의 옷을 자기 손으로 태우는 행위가 너무나
두렵고 슬프다. 그 두려움과 슬픔으로 눈물이 흘러나오지만
애써 울음은 참고 있다. 불길 속에서 타들어가는 엄마의 옷가
지와 물건들.

벤　　　……난 가끔 비닐하우스를 태워요.
종수　　　(마치 늦게 반응하는 것처럼 멍하게 있다가) ……
　　　　　뭐라구요?
벤　　　가끔 비닐하우스를 태운다고요…….

종수는 고개를 돌려 벤을 쳐다본다. 벤도 종수를 돌아본다.
대마초에 취해서일까, 그 역시 무엇인가 아주 중요한 것을 고
백하고 싶어 하는 표정을 하고 있다.

벤　　　난 비닐하우스를 태우는 취미가 있어요. 들판

에 버려진 낡은 비닐하우스 하나를 골라 태우는 거예요. 두 달에 한 번쯤……. 그 정도 페이스가 젤 좋은 거 같아요. 나한테는.

종수　페이스요?

벤이 고개를 끄덕인다. 그는 새로운 대마초 담배에 불을 붙인다. 연기를 삼키고 몇 초쯤 숨을 멈췄다가, 서서히 연기를 내뱉는다. 벤이 허공에 흩어지는 그 연기를 바라본다. 종수도 같이 바라본다. 마치 눈에 보이는 심령처럼 어떤 형상을 만들었다가 풀어지며 허공으로 떠오르는 연기. *CLOSE UP.*

종수　그러니까…… 남의 비닐하우스를 태운다는 건가요?

벤　당연히 남의 거죠. 말하자면 범죄 행위죠. 종수 씨와 내가 이렇게 대마초 피우는 것처럼 명백한 범죄 행위……. 그런데 아주 간단해, 진짜. 석유를 뿌리고 성냥불만 던지면…… (엄지와 검지를 경쾌하게 튕기며) 끝! 전부 다 타는 데까지 십 분도 안 걸려요. 마치 처음부터 존재하지 않았던 것처럼 사라지게 할 수 있어요.

종수　잡히면 어쩌려고?

벤　(미소 지으며) 안 잡혀요, 절대. 한국 경찰이 그런 데 신경 안 쓰거든요. 들판에 버려진 비닐하우스만 태우기 때문에 누구한테도 해가 안 되고, 알지도 못해요.

벤이 고개를 돌려 종수를 본다. 미소를 짓고 있지만, 눈은 웃고 있지 않은 예의 그 표정으로.

벤   한국에는요…… 비닐하우스들이 진짜 많아요. 쓸모없고 지저분해서 눈에 거슬리는 비닐하우스들……. 걔네들은 다 내가 태워주기를 기다리는 거 같아요. 그리고 난 그 불타는 비닐하우스를 보면서 희열을 느끼는 거죠. (가슴에 손을 갖다 댄다.) 그러면 여기서 베이스가 느껴져요. 뼛속까지 울리는 베이스…….

가슴에 손을 대고 있는 벤, *CLOSE UP*. 그는 지금도 그것이 느껴지는 것처럼 눈을 빛내며 허공을 쳐다보고 있다.
벤을 보는 종수. 그는 벤이 혹시 농담으로 이런 말을 하는 것이 아닌가 의심스럽다. 아니면 대마초에 취해서 어떤 환상에 사로잡혔는지도 모른다.

종수   그게 쓸모없고 불필요한 건지는 형이 판단한다고요?

벤   나는 판단 같은 거 하지 않아요. 그냥 받아들이
는 거지. 그것들이 태워지기를 기다리고 있다는
거를……

종수는 마치 벤의 말을 이해하려고 애를 쓰는 듯이 고개를 젖
히고 하늘을 쳐다본다.
인서트. 종수의 시점으로 보이는 하늘. 붉은 노을의 핏빛 같
은 잔영이 아직 남아 있는 검푸른 하늘이 점점 짙은 어둠 속
으로 잠겨가고 있다. 그 위로 벤의 목소리가 들린다.

벤(O.S)   그건…… 비 같은 거예요. 비가 온다. 강이 넘
치고, 홍수가 나서, 사람들이 떠내려간다…….
(킬킬댄다.) 비가 판단을 해? 거기에 옳고 그른
건 없어요. 자연의 도덕만 있지. 자연의 도덕이
란…… 동시 존재 같은 거예요.

종수   동시 존재?

종수가 벤을 돌아본다. 벤은 여전히 눈을 가늘게 뜨고 마치
즐거운 상상이라도 하는 것 같은 표정으로 허공을 보며 중얼
거린다.

| 벤 | 나는 여기에도 있고, 저기에도 있다. 나는 파주에도 있고, 반포에도 있다. 서울에도 있고, 아프리카에도 있다. 그런 거……. 그런 밸런스……. |

벤이 다시 킬킬거리고 웃는다. 그 웃음소리에 종수는 잠시 할 말을 잃는다.

종수	최근에 태운 건 언제였는데요?
벤	그게…… 아프리카 가기 직전이었으니까 한 두 달 됐네. 이제 태울 때가 됐다는 얘기지…….
종수	그럼 다음번에 태울 비닐하우스도 벌써 정해졌어요?
벤	정해졌지. 아주 태우기 좋은 거……. (미소 지으며) 오랜만에 태우는 재미가 있을 거 같아요. 사실은 오늘 사전 답사를 온 거예요.
종수	사전 답사? 그럼 이 근처에 있는 거예요?
벤	네. 여기서 가까운 곳에 있어요. 아주, 아주 가까운 곳…….

벤은 종수를 돌아보며 알 듯 모를 듯한 미소를 짓는다. 저녁 어스름 속에서 어디선가 날카로운 새의 울음소리가 들린다. 문득 종수는 까닭 모를 불길함을 느낀다. 벤의 입에 물린 대

마초의 끝이 빨갛게 타들어간다. 어스름 속에서 그것은 기묘한 발광체처럼 보인다. 종수는 그 빨간 발광체를 보고 있다가, 입을 연다.

종수　　　난 해미를 사랑하고 있어요.

대답이 없다. 종수는 어스름 속의 그 빨간 빛을 보며 기다린다. 그러나 벤은 아무 말이 없다. 다만 그 빨간 빛이 다시 더욱 밝은 빛으로 타오를 뿐이다.

종수　　　……씨발, 해미를 사랑한다고.

종수가 그 빨간 빛을 향해 다시 말한다. 그러나 역시 대답이 없다. 대신 나지막하게 킬킬거리는 웃음소리가 들려온다. 대마초에 취해서 내는 웃음 같기도 하고, 종수의 말을 비웃는 것 같기도 하다. 종수는 어스름 속의 그 빨간 빛을 바라본다. 그의 눈에서 격렬한 적의가 타오른다.
그때 마루문이 열리고, 잠에서 깨어난 해미가 나온다.

68. 마당 (외부/저녁)

누군가의 시선으로 보이는 좀 더 어두워진 하늘. 대남 방송 소리가 들려오고 있다. 카메라가 천천히 팬 하면, 바람에 나뭇잎들이 흔들리는 마당의 벚나무가 앙각으로 보인다. 벤이 마당에서 차를 돌리는 동안 해미가 나무를 쳐다보고 있다. 나뭇잎들이 소리 내어 흔들리고, 해미의 머리칼이 얼굴을 가린다. 그녀는 천천히 주위를 둘러본다. 마치 떠나기 전에 다기억해두겠다는 듯이.
종수가 그녀에게 다가온다.

해미   (종수를 돌아보고는) 나무 많이 컸네.
종수   (작은 소리로) 왜 그렇게 옷을 잘 벗어? 남자들
            앞에서…….
해미   ……. (말없이 종수를 본다. 마치 무슨 말인지 얼른
            알아듣지 못한 듯이)
종수   창녀나 그렇게 옷을 벗는 거야.

벤의 차가 두 사람 곁으로 다가와 선다. 차에서 내린 벤이 종수에게 손을 내민다.

종수   (악수하며) 이제 비닐하우스들을 잘 살펴봐야겠

네요.

벤   그러세요. (종수를 쳐다보며 웃는다.) 아주 가까
운 데 있는 거.

해미가 차에 올라탄다. 벤이 운전석에 앉는다. 그리고 해미를
돌아본다. 그녀는 울고 있다. 벤은 허리를 굽혀 그녀의 안전
띠를 채워준 뒤, 말없이 차를 출발시킨다. 해미가 종수를 돌
아본다. 그녀의 젖은 두 눈이 그를 쳐다본다 싶은 순간, 차가
마당을 빠져나간다.
멀어져가는 차를 바라보고 서 있는 종수.

69. 어둠 (외부/밤)

캄캄한 어둠. 어둠 속에서 걸어 나오는 누군가의 형체. 어둠
속에서 천천히 드러나는 것은 열한 살의 어린 종수다.
아이는 발가벗은 몸이다. 카메라 쪽으로 다가오는 아이의 얼
굴은 놀람과 두려움에 사로잡힌 듯 뭔가를 바라보고 있다. 화
면 앞쪽에서 연기와 불티 같은 것이 아이 쪽으로 날아간다.
아이의 얼굴이 붉은 빛으로 일렁거린다. 두려움을 넘어 알 수
없는 매혹 같은 것을 느끼는 것도 같다. *CLOSE UP.*
어둠 속에서 불타고 있는 비닐하우스. 불길은 소리 없이 치솟

고, 불티들이 어지럽게 날아오른다. 불길 속에서 타다 남은 아치형의 검은 쇠 골조가 쓰러지고 이윽고 비닐하우스는 흔적도 없이 사라지고 만다.

70. 집 안 (내부/이른 아침)

종수가 갑자기 잠에서 깨어난다. 그리고 자신이 어제 저녁 소파에 누웠던 차림 그대로 잠들었다는 것을 알게 된다.

71. 마당 (외부/이른 아침)

마루문을 열고 나오는 종수. 현관 앞 장의자와 테이블 위에는 어제 그들이 왔다 간 흔적이 그대로 남아 있다. 남은 음식들과 테이블 위에 핏자국처럼 말라붙어 있는 붉은 포도주, 그리고 대마초 부스러기가 어제의 일이 꿈이나 비현실이 아니라 분명한 현실이었다는 증거처럼 남아 있다. 종수가 뭔가를 집어 든다. 벤이 놓고 간 지포라이터다. 그것으로 불을 켜본다. 멀리서 북한 대남 방송의 스피커 소리가 바람결에 실려 오고 있다. 고개를 들어 그쪽을 바라보는 종수.

72. 물류센터 마당 (외부/낮)

파주 소재 대형 물류센터의 창고 앞. 넓은 마당에 이십 대 청년들 여남은 명이 알바 일을 위한 면접을 기다리며 서 있다. 뿔뿔이 흩어져서 말없이 담배를 피우거나, 전화기를 들여다보고 있는 청년들 중에 종수도 끼어 있다. 그는 누군가에게 전화를 하는 중이다. 신호음이 이어지다가 안내 목소리가 들려온다.

안내(F)   연결이 되지 않아 삐 소리 후 소리샘으로 연결되오며 통화료가 부과됩니다.

종수   (삐 소리가 들린 뒤) 해미야……. 통화 좀 해…….

화면 밖에서 직원의 목소리가 들린다.

직원(O.S)   자, 안으로 들어오세요!

73. 면접장 (내부/낮)

물품들이 적재된 대형 창고 안. 이십 대 알바 지원자들이 한 줄로 나란히 서 있다. 남녀가 섞여 있고 가운데쯤에 종수도 있다. 면접 담당 직원이 가까이 오며 소리친다.

직원　　　자, 좌에서 우로 번호!

맨 왼쪽 남자부터 순서대로 어정쩡하게 군대식 번호를 외친
다. 종수도 자기 차례에 얼떨결에 번호를 말하지만, 불쾌감을
느끼는 것 같다. 번호가 끝나자, 직원은 군대 조교 같은 어투
로 질문을 하기 시작한다.

직원　　　1번, 집이 어딥니까?

1번　　　파주 시냅니다. 여기서 오 분 거리에 있습니다.

직원　　　야근이나 특근 할 수 있습니까?

1번　　　예, 할 수 있습니다.

직원　　　2번, 집이 어딥니까?

2번　　　부천 살고 있습니다.

직원　　　부천에서 여기까지 어떻게 다닙니까? 두 시간
　　　　　　은 걸리지 않겠습니까?

2번　　　아닙니다. 다닐 수 있습⋯⋯.

직원　　　(무시하고, 종수에게) 3번, 집이 어딥니까?

종수　　　⋯⋯. (말없이 직원을 보고 있다.)

직원　　　(짜증스럽게) 3번, 집이 어딥니까?

종수는 여전히 대답 없이 직원을 노려본다. 직원이 어이없다는 듯이 종수를 보고, 다른 지원자들도 종수를 돌아본다.
이윽고 종수, 그 자리를 벗어나 면접장을 나가버린다. 직원은 아랑곳하지 않고 면접을 계속한다.

직원   4번, 집이 어딥니까?

74. 들판 (외부/낮)

물류센터에서 집으로 가는 길. 들판 사이로 난 도로를 종수의 낡은 픽업트럭이 달리고 있다. 운전을 하고 있는 종수의 얼굴에는 아직 발산하지 못한 분노가 어려 있다. 차창 밖으로 지나가는 들판의 비닐하우스들이 보인다. 어제 벤이 하던 말이 떠오른 듯 그 비닐하우스에 눈길을 주고 있다가, 순간적으로 차선을 넘는다. 당황해서 급히 핸들을 꺾는 종수. 운전을 하면서 계속 뭔가를 골똘히 생각하는 표정이다.

75. 벌판 비닐하우스 (외부/낮)

벌판 가운데의 낡은 비닐하우스. 저쪽 도로에서부터 종수의 차가 다가와 선다. 차에서 내리는 종수.

비닐하우스로 다가와 안을 들여다본다. 희뿌연 비닐 너머로 보이는 종수의 얼굴. 안을 유심히 들여다보다가 문을 밀어본다. 문이 열리자, 안으로 들어간다. 오래 방치된 듯 아주 지저분한 비닐하우스 안에는 잡초가 우거져 있다. 바람에 찢어진 비닐들이 소리 내며 펄럭인다. 종수가 다시 차에 올라탄 뒤, 핸드폰으로 지도를 검색해서 본다.

인서트. 핸드폰 화면의 지도. 허허벌판처럼 텅 빈 지도 안에 빨간 점 하나가 깜박이고 있다.

문득 생각난 듯 글러브 박스를 여는 종수. 쓰레기나 다름없는 잡동사니들이 꽉 차 있다. 손을 깊숙이 넣어 밑에 처박혀 있던 책 하나를 꺼낸다. 아버지가 쓰던 낡고 때 묻은 도로 지도책이다. 종수는 지도책을 넘기며 현재의 위치를 찾아 뭔가를 표시한다.

76. 비닐하우스 농장(외부/낮)

운전 중인 종수의 시점으로 보이는 대형 비닐하우스들. 피부가 거뭇한 외국인 노동자들이 일하고 있다.

대규모로 조성된 비닐하우스들 사이를 종수의 차가 지나가자 노동자들이 쳐다본다. 이곳에 보이는 비닐하우스들은 모두 농작물을 재배 중이다.

77. 폐가 (외부/낮)

종수가 동네의 어느 폐가 안으로 들어온다. 지붕과 벽이 거의 무너져 내려 있고 마당에는 잡초까지 우거진 낡은 폐가 안을 둘러보는 종수.
그의 시점으로 보이는, 쓰레기로 가득 찬 어두운 공간. 갑자기 검은 새 한 마리가 푸드득 날아오른다.

78. 농가 비닐하우스 (외부/낮)

또 다른 비닐하우스 가까운 도로. 종수의 트럭이 다가와 선다. 차에서 내려 비닐하우스로 걸어가는 종수. 근처 농가에서 사납게 짖어대는 개 소리가 들린다. 비닐하우스를 들여다보고 있을 때 종수의 휴대폰이 울린다. 휴대폰 화면에 '해미'라는 이름이 떠 있다.

종수   여보세요?

그러나 아무 말도 들리지 않는다. 그가 몇 번 "여보세요?"를 거듭하고 해미의 이름을 불러도 대답이 없다. 들리는 것은 알 수 없는 소음 같은 것뿐이다. 종수의 귀에 들리는 전화 속의 소음들. 차 문이 열리는 것 같은 소리, 차가 떠나는 엔진 소리, 아스팔트 바닥을 뛰어가는 발자국 소리 같은 소음들.

그는 주변을 돌아본다. 개가 짖고 있고, 바람에 나뭇잎이 흔들리고 있다. 그런 주변의 소리들이 전화 속의 소음들과 뒤섞인다. 종수는 전화기를 귀에 댄 채 말없이 그 소음을 계속 듣고 있다. 소음은 계속되다가 어느 순간, 끊어진다. 휴대폰 화면을 보면, 전화가 끊어져 있다.

바람에 머리 위 나뭇잎들이 요란하게 흔들린다. 그는 다시 차 쪽으로 걸어간다.

79. 해미 집 앞(외부/낮)

해미 집 계단의 창문으로 종수의 차가 도착하는 것이 보인다. 이윽고 종수가 프레임인 되며 계단을 올라온다. 3층으로 올라가 해미 집 문의 번호 키를 눌러보지만 열리지 않는다. 그 사이 암호를 바꾼 것 같다. 문을 두드려본다. 무슨 소리가 들리는 것 같아서 문에 귀를 대고 들어보기도 한다.

문에 귀를 대고 무슨 소리라도 듣기 위해 집중하고 있는 종수의 얼굴. 그러나 더 이상 아무 소리도 들리지 않는다. 그는 어찌할 바를 모르고 그 자리에 서 있다가 다시 계단을 걸어 내려간다.

80. 종수의 집 (내부/저녁)

부엌 식탁에서 종수가 펼쳐 놓은 지도책을 보며 컵라면을 먹고 있다가, 해미에게 전화를 건다. 신호음이 들린다.
인서트. 탄현면 만우리 일대가 나와 있는 2만분의 1 지도.
지도 위에는 열여섯 개의 동그라미가 있고, 그 동그라미 위에 X 표시가 된 것들도 있다. 종수는 X를 세어본다. 모두 다섯 개. 그는 펜으로 지도에 있는 그 다섯 개의 X를 선으로 연결해본다.
인서트. 산과 개천과 언덕을 따라 구불구불 굽어 있는 지도 위의 선. 기이하고 낯선 도형처럼 보인다.
그 위로 긴 신호음 뒤에 안내 멘트가 들린다.

안내(F)   연결이 되지 않아 삐 소리 후 소리샘으로 연결
         되오며 통화료가 부과됩니다…….

81. 집 앞 도로 (외부/새벽)

아직 날이 채 밝지 않은 새벽 종수의 집 앞 도로. 산과 들의 윤
곽을 지우는 새벽안개 속의 적막한 풍경이 롱숏으로 보인다.
그 안개 속을 누군가 달리고 있다.

82. 강가 비닐하우스 (외부/새벽)

강을 따라 난 인적이 없는 작은 도로. 아직 어두운 하늘을 배
경으로 늘어선 고압선의 거대한 철주가 강물에 비쳐 보인다.
멀리 박명 속에서 누군가 달려오고 있다. 가까이 다가오는 종
수. 그의 거친 숨소리가 정적을 깬다. 강가에 낡고 추한 비닐
하우스가 있다. 종수가 그 비닐하우스 앞으로 다가가 안을 들
여다보고, 주위를 살피다가 다시 달려간다.
멀어져가는 종수.

83. 쌍둥이 비닐하우스 (외부/새벽)

들판 사이에 난 도로를 달리는 종수. 들판 한가운데에 낡은
두 개의 비닐하우스가 있다. 서로 가까이 붙어 있는데, 나이

먹은 추한 쌍둥이처럼 비슷하다. 종수가 달리는 속도를 줄이
고 그 비닐하우스 쪽으로 다가간다. 바람이 불어 주변의 나무
들이 음산하게 소리 내며 흔들린다.

종수는 걸어가며 주위를 둘러본다. 이곳은 그가 태어나고 자
란, 너무나 잘 아는 공간이다. 그런데도 왠지 마치 난생 처음
보는 낯선 공간인 것 같다고 느낀다. 눈앞의 비닐하우스에 방
화의 흔적 같은 것은 보이지 않는다.

그는 다시 달리기 시작한다.

84. 농가 비닐하우스 (외부/새벽)

새벽 어스름 속에 잠긴 '씬 78'의 비닐하우스. 좁은 도로를 달
려온 종수가 비닐하우스 쪽으로 다가간다. 가까운 농가의 개
가 사납게 짖어대기 시작한다. 주변은 유별나게 지저분하고,
비닐하우스에 접근하려면 질척하게 젖어 있는 땅을 지나야
한다. 운동화가 진흙에 젖어서 더럽혀진다.

개가 계속 짖어댄다. 조심스레 비닐하우스로 가까이 걸어가
는 종수의 모습은 범죄의 현장을 조사하는 형사처럼 보이기
도 하고, 어떤 범행을 몰래 저지르고 있는 것처럼 보이기도
한다. 비닐하우스를 살펴보고 다시 걸어 나오던 종수가 걸음
을 멈춘다.

농가 앞쪽에서 늙은 농부가 지켜보고 있다.

농부   뭐 해요?

종수   예?

농부   뭐 하냐고.

종수   그냥…… 좀 보는 거예요.

꾸벅 인사하고 도로 쪽으로 걸어가는 종수. 늙은 농부는 종수의 뒷모습을 의심스런 눈길로 보고 있다.

85. 벌판 비닐하우스 (외부/새벽)

차가운 새벽 공기 속에서 종수는 계속 뛰고 있다. 벌판 한가운데 있는 '씬 75'의 낡은 비닐하우스로 가까이 다가간다. 벤이 말한 대로 누군가 태워주기를 조용히 기다리고 있는 것처럼 보인다. 그러나 아직 불타지 않았다. 종수는 그 낡은 비닐하우스 앞에 서서 가쁜 숨을 내쉰다. 그리고 해미에게 전화를 건다. 긴 신호음 뒤에 안내 목소리가 들린다.

안내(F)   전원이 꺼져 있어 삐 소리 후 소리샘 퀵보이스로 연결되오며 통화료가 부과됩니다…….

86. 동네 비닐하우스 (외부/아침)

동네 가까운 곳에 있는 낡은 비닐하우스로 달려오다가 걸음을 늦추는 종수. 저만치 나무 밑에서 육십 대 후반의 늙은 마을 주민이 서 있는 것이 보인다. 그 모습이 뭔가 좀 이상해서 종수는 걸음을 멈추고 지켜본다.

늙은 마을 주민은 비닐하우스 쪽을 보고 있다. 종수가 그의 시선을 따라가 보면, 비닐하우스 안에서 이장이 나오고 있다. 그러자 마을 주민이 비닐하우스 쪽으로 걸어간다. 걸어 나오는 이장을 말없이 지나쳐서 비닐하우스 안으로 들어가는 늙은 주민.

이장이 동네 쪽으로 멀어지는 것을 보고, 종수가 천천히 비닐하우스로 다가간다. 바람에 떨어진 비닐이 펄럭인다. 비닐하우스 안을 들여다보는 종수의 얼굴.

종수의 시점으로 보이는 낡은 비닐하우스 안. 잡동사니들이 쌓여 있는 지저분한 비닐하우스 내부가 어렴풋이 보인다. 비닐하우스 가운데 낡은 매트리스가 깔려 있고, 그 위에서 방금 들어간 늙은 주민이 필리핀 여자와 섹스를 하고 있다.

그 모습을 보던 종수, 발소리를 죽이고 그곳을 떠난다.

87. 집 안 (내부/아침)

집에서 혼자서 밥을 먹고 있는 종수. 소파 앞 탁자에 일회용 용기에 든 반찬 몇 개를 올려놓고 밥그릇을 손으로 들고 밥을 먹으며 TV를 보고 있다. 옆에 놓인 스마트폰의 통화 버튼을 누른다. '해미'라는 이름이 뜨더니, 스피커폰을 통해 신호음 없이 바로 안내 목소리가 나온다.

안내(F)   전원이 꺼져 있어 삐 소리 후 소리샘 퀵보이스 로 연결되오며 통화료가 부과됩니다…….

88. 사무실 앞 (외부/낮)

깔세 매장 영업회사 사무실 밖. 종수가 길을 건너 걸어오면서 부터 뭔가 분위기가 이상하다는 것을 느끼는 표정이다.
사무실 앞은 썰렁하고, 창문에 '임대'라는 글씨와 전화번호 가 적힌 종이가 붙어 있다. 사무실 문고리를 돌려보는 종수. 문이 잠겨 있다. 문을 두드리다가 창문으로 다가와 안을 들여 다본다. 사무실 내부는 비어 있다. 황당하다는 표정으로 서 있다가 누군가에게 전화를 건다. 그러나 상대는 전화를 받지 않는다.

89. 해미 집 앞 (내부/낮)

종수가 계단을 올라온다. 해미 방문 앞으로 다가가서 문을 열어보지만, 여전히 잠겨 있다. 그가 문을 두드리기 시작한다.

종수   해미야! 신해미! (계속 두드린다.) 신해미!

그는 어떤 참을 수 없는 충동에 쫓기듯 해미의 이름을 부르며 미친 듯이 문을 두드린다. 그러다가 문득 두드리는 것을 멈춘다. 안에서 무슨 소리가 들린 듯 문에 귀를 대본다. 할머니가 올라온다.

할머니   왜 그래요? 3층 처자 없는데…… 문 두드려봐야 소용없어.

종수   할머니, 안녕하세요? 해미가 연락이 안 돼서요……. 제가 지금 안에 들어가 봐야 되거든요. 안에 고양이가 있는데…… 잘못하면 굶어 죽게 생겨서요.

할머니   고양이가 어디 있다고 그래요? 여기서는 원래 고양이 못 키우게 돼 있는데…….

종수   아니요, 있어요, 고양이. 여기 제가 고양이 밥 주러도 오고 그랬거든요? 할머니, 마스터 키 있으시죠?

할머니   그래도 막 문 따달라고 그러면 곤란하지. 요즘은 잘못하면 진짜 큰일 나.

90. 해미 방 (내부/낮)

문이 열리고, 종수와 할머니가 들어온다. 할머니는 문간에 서 있고, 종수가 안으로 들어온다. 종수는 방 안을 둘러보고 침대 밑을 보며 보일이의 흔적을 찾는다.

할머니   고양이가 어디 있다고 그래?

할머니의 말대로 고양이의 흔적은 보이지 않는다. 침대 밑을 보는 종수. 전에 침대 밑에 늘 있던 고양이 밥통과 배변통도 보이지 않는다.

할머니   이것 봐. 어디 여행이라도 간 모양이네. 방을 깨끗하게 정리해놓은 거 보면…….

방 안을 둘러보는 종수. 방은 불길할 정도로 깨끗하게 정돈되어 있다. 창문의 커튼도 정갈하게 내려져 있다.

종수   원래 방을 이렇게 청소해놓는 애가 아닌데…….

화장실 문도 열어보고, 세탁실 문도 열어본다. 좁은 세탁실
구석에 눈에 익은 분홍색 여행 가방이 놓여 있다.

종수   여행 간 게 아닌 거 같아요.

할머니가 지켜보는 앞에서 종수는 해미의 실종에 대한 단서
가 될 만한 것을 찾기 위해 방 안을 뒤진다. 방이 워낙 좁아서
뒤질 만한 것이 그리 많지 않다. 할머니가 문간에 선 채 감시
하듯 종수의 행동을 지켜보고 있다.

91. 축제 행사장 (외부/낮)

어느 지자체에서 열리는 축제 행사장. 어느덧 단풍이 절정이
고 햇볕이 좋은 가을날이다. 행사장 입구에 늘어선 젊은 여
자 도우미들 대여섯 명이 흥거운 트로트 음악에 맞춰 같은 동
작으로 춤을 추고 있다. 종수가 도우미들을 데리고 온 이벤트
용역 회사의 실장과 함께 봉고차 앞에 나란히 서서 이야기하
고 있다.

실장   (춤추는 도우미들을 보며 담배를 피운다.) 쟤네들 저
         래 보여도 속은 아무도 몰라요. 카드 빚 있는 애
         들도 많고요. 그 빚 때문에 또 빚지고…… 그러다
         그냥 도망치는 거예요. 아무도 모르게……. 신해
         미 걔도 어느 날부터인가 전화기 계속 꺼져 있더
         라고요?

도우미들을 계속 보며 이야기하다가, 눈이 마주치면 웃어주
기도 한다.

실장   사실 여자들은요, 돈 쓸 데가 정말 많아요. 여
         자는 힘들다고요. 아니, 화장하면 화장했다 뭐
         라 하고, 안 하면 안 했다 뭐라 하고……. 옷이
         좀 야하면 야하다 뭐라 하고, 대충 입으면 대충
         입었다 뭐라 하고……. 그런 말 아세요? 여자를
         위한 나라는 없다!

종수는 실장의 손목시계를 본다. 왠지 자기가 해미에게 준 그
핑크색 손목시계와 비슷하게 생긴 것 같다.

실장   (종수의 눈길을 의식하고 이상한 듯 자기 손목시계
         를 본다.) 왜요?

종수   ……아니요.

종수의 시점 숏. 춤추는 도우미들. 똑같은 옷을 입고 똑같이 짙은 화장을 한 대여섯 명의 젊은 여자들이 음악에 맞춰 쉬지 않고 몸을 흔들며 카메라(종수)를 정면으로 본다. 그녀들은 모두가 해미 같고, 아무도 해미가 아니다.

92. 축제 행사장 (외부/낮)

시간 경과. 자신의 픽업트럭에 앉아 핸드폰으로 해미의 인스타그램을 보고 있는 종수. 행사장의 음악 소리가 계속 들려오고 있다.
인서트. 핸드폰 화면에 뜬 해미의 인스타그램. 그녀의 일상을 담은 다양한 사진들. 사진에는 짧은 글귀가 붙어 있기도 하다. 종수의 손가락이 그 사진들을 계속 내리면서 본다. 해미가 남긴 이미지들. 아름답고 예쁘지만, 의미를 알 수 없이 텅 빈 이미지들. 그것들을 보고 있는 종수의 얼굴. 문득 고개를 들어 차창 밖을 본다. 그의 눈에 비치는 가을 햇빛 속의 축제 행사장 풍경. 가족 단위로 나들이를 나온 사람들의 모습들, 아직도 열심히 춤추고 있는 도우미들, 그리고 음악 소리. 그런 것들이 인스타그램 속 이미지들과 묘한 이질감을 준다.

다시 사진들을 넘기는 종수의 손가락. 어느 사진에 멈춘다. 종수가 공항에 데려다주던 날 찍은 해미의 셀카 사진. 미소를 짓고 있는 해미의 얼굴 뒤로 종수 자신의 얼굴도 보인다.

다시 사진을 넘기다가 멈춘다. 판토마임을 하는 해미의 상반신 이미지가 있고, 해시태그에 판토마임 동호회 이름이 있다.

#미메시스마임동호회

다시 사진을 넘기다가 멈추고, 사진을 보는 종수. 긴장한 듯한 표정이다.

인서트. 어느 스포츠카 앞에서 찍은 해미의 셀카.

부분적으로만 보이지만 벤의 차가 분명해 보인다. 그리고 사진 한쪽에 초점이 나간 남자의 실루엣이 보인다. 종수의 손가락이 그 사진을 확대한다. 형체를 알 수 없는 검은 그림자가 덮치듯 화면에 가득 찬다.

93. 판토마임 동호회 (내부/밤)

어느 상가 건물의 2층에 있는 공간. 한쪽 벽에 전면 거울이 붙어 있다. 예닐곱 명의 사람들이 판토마임을 하고 있다.

이십 대부터 오십 대까지 다양한 연령대의 남녀가 침묵 속에서 움직이고 있다. 침묵 속에서 그들은 보이지 않는 벽을 더 듬기도 하고, 보이지 않는 문을 두드리기도 하고, 보이지 않는 공을 튕기기도 한다.

화면 한쪽 유리로 된 출입문에 종수가 나타난다. 그는 잠시 안을 들여다보다가, 문을 밀고 들어온다. 사람들은 마임을 계속하고 있다. 종수가 방 한쪽에 서서 계속 그들을 지켜보고 있자, 남자 한 명(강사)이 동작을 멈추고 다가간다. 무슨 일로 왔냐고 묻는 것 같고, 종수가 뭐라고 말하는 것 같다. 핸드폰을 꺼내 사진을 보여주기도 한다. 강사가 뭐라고 하는데, 종수가 기대한 대답은 아닌 것 같다. 다시 자기 자리로 돌아와 마임을 하는 강사. 종수는 그 자리에 선 채 그들의 마임을 지켜보고 있다.

종수의 시점 숏. 사람들은 침묵 속에서 마임을 계속하면서 카메라(종수)를 보고 있다. 그런 그들의 모습은 마치 말할 수 없는 어떤 말을 종수에게 필사적으로 전하려는 것처럼 보이기도 한다.

94. 벌판 비닐하우스 (외부/아침)

달리는 종수의 얼굴. *CLOSE UP.*
이른 아침 들판 사이로 난 도로를 추리닝 차림으로 달리는 종

수. 도로에서 벗어나 속도를 늦추고 걷기 시작하는 그의 뒷모
습을 따라가면, 저만치 비닐하우스가 보인다. 어느새 아침 공
기가 차가워진 듯 거친 숨과 함께 입김이 흩어진다.

허물어지기 직전의 낡아빠진 비닐하우스. 종수가 다가온다.
비닐 위에 내린 하얀 서리가 햇빛에 반짝인다. 그는 손가락으
로 비닐 위의 서리를 훑어보더니, 주머니에서 벤의 지포라이
터를 꺼낸다. 그리고 라이터로 불을 붙여본다. 비닐에 불이
붙는가 싶더니 금세 불길이 솟구치며 타기 시작한다. 당황해
서 불을 끄는 종수.

숲속에서 새들이 소리 내며 날아오른다. 새들을 좇아 허공을
쳐다보다가 주위를 둘러보는 종수의 얼굴. 왠지 무서운 느낌
에 사로잡힌다.

95. 벤의 집 앞 (외부/낮)

깔끔하고 한적한 서래마을 골목길 전경. 가끔 고급 승용차가
지나가고, 배달 오토바이도 지나간다. 조깅복 차림의 여자 두
명이 허리를 곧추세운 파워 워킹 자세로 지나가고, 개 산책을
시키는 사람이 지나가기도 한다.

인서트. 스마트폰의 게임 화면. 칼을 든 전사가 괴물에게 접
근하다가 괴물의 반격을 받고 싸운다.

운전석에 앉은 채 모바일 게임을 하고 있는 종수. 그러면서도 시선은 계속 앞쪽을 주시하고 있다. 그는 벤의 집이 있는 골목 한쪽에 자신의 낡은 차를 대놓고 앉아서 벤이 나오기를 기다리고 있는 중이다.

종수가 서둘러 전화기를 놓고 시동을 건다.

종수의 시점. 벤이 사는 빌라의 입구에서 벤의 포르쉐가 나온다. 종수의 차가 그 뒤를 따라간다.

96. 차 안 (외부/낮)

계속 앞 차를 주시하는 종수의 얼굴. 종수의 시점으로 보이는 벤의 차. 복잡한 큰 도로에서 몇 번 놓칠 뻔하지만, 간신히 쫓아간다.

97. 카페 골목 (외부/낮)

벤의 차는 청담동 어느 카페가 많은 골목으로 들어간다. 종수의 차도 따라간다. 다양한 가게들이 늘어서 있는, 한껏 세련되고 모던한 골목이다. 오가는 사람들도 세련되고 여유 있어 보인다. 포르쉐가 어느 카페 앞에 선다. 차에서 내려 안으로

들어가는 벤. 이를 지켜보고 있던 종수, 가까운 유료 주차장
으로 차를 몰고 들어간다.

98. 주차장 (외부/낮)

주차장에서 나오는 종수. 벤이 들어간 카페를 향해 걸어간다.
카페 앞에 서 있는 포르쉐 앞에서 종수는 잠깐 걸음을 멈추고
차를 본다. 마치 우연히 차를 발견한 것처럼. 그리고 카페 안
으로 들어간다.

99. 카페 (내부/낮)

나른한 재즈 선율이 흐르는 카페 안. 종수가 안으로 들어간
다. 카페 안쪽 창가 자리에서 편안한 자세로 혼자 앉아 책을
읽고 있는 벤의 모습이 보인다.

종수   벤 형!

종수는 마치 우연히 만난 것처럼 얼굴에 반가운 표정을 하고
벤에게 다가간다. 그러나 그의 연기는 어쩐지 좀 어색하다.

고개를 들고 쳐다보는 벤. 처음에는 놀라는 것 같지만 이내 반갑게 웃는다. 연기라면 그가 훨씬 능숙한 것 같다.

벤   여기 웬일이에요?

종수   그냥…… 일 때문에 이 앞을 지나가다가 밖에
          차 보고…… 혹시나 했는데, 역시 맞았네요.

벤   그래요? 잠깐 앉으세요.

종수   그럴까요? (맞은편 자리에 앉는다.)

벤   뭐 시켜요. (사람을 부르려 하는데)

종수   아니에요. 괜찮아요. 금방 일어날 거예요.

벤   (미소를 띤 채 고개를 끄덕인다.) ……소설은 계속
          쓰세요?

종수   ……쓰려고 노력은 해요.

종수가 벤이 읽고 있던 책을 본다. 책 표지에 '윌리엄 포크너
단편집'이라는 제목이 보인다.

벤   (웃으며) 전에 종수 씨가 포크너 좋아한다고 해
          서……. 나도 한번 읽어보고 싶었어요.

종수   예…….

침묵 속에서 부드러운 표정으로 종수를 쳐다보는 벤. 마치 종

수가 무슨 말을 하길 기다리고 있는 듯이.

종수   참, 안 그래도 궁금했는데…… 비닐하우스는 어
                   떻게 됐어요?

벤   (입가에 희미한 미소를 지으며) ……아, 비닐하우
                   스. 그걸 아직 기억하고 있구나. (잠시 종수를 보
                   다가) ……물론 태웠죠. 깨끗하게 태웠어요. 태
                   운다고 했잖아.

종수   우리 집 근처에서요?

벤   그럼요, 아주 가까운 데서.

종수   ……언제요?

벤은 잠깐 대답을 망설이듯 미소만 짓고 있다. 그의 긴 손가
락이 책 표지의 수염 난 작가의 얼굴을 어루만지듯 움직인다.
책 표지 *CLOSE UP*. 이윽고 그가 입을 연다.

벤   그날…… 거기 갔다가 하루인가 이틀 뒤에?

종수   이상하네. 그때 왔다 가신 다음 날부터 제가 매
                   일 아침 확인했거든요. 우리 집 주변에 비닐하
                   우스란 비닐하우스는 다 다니면서 확인했어요.

벤   (즐거운 듯 두 눈을 빛내며) 비닐하우스를 매일
                   확인했다고요?

종수	예. 하나도 빠짐없이……. 정말 불탄 게 있었으면 못 봤을 리가 없는데요.
벤	그래도 놓치셨네. 그럴 수 있죠. 너무 가까워서 놓쳤을 거예요.
종수	……아닌데, 정말 이상하네요.
벤	너무 가까우면 안 보일 수 있어요.

벤은 마치 수수께끼를 던지는 사람 같은 미소를 띠고서 종수를 쳐다본다. 종수는 뭐라고 반박하려 하지만, 말이 잘 나오지 않는다. 벤이 입구 쪽을 쳐다본다. 종수가 벤의 시선을 따라 돌아본다.
한 여자가 급히 걸어오고 있다. 출입구 쪽에서 들어온 바깥의 밝은 빛으로 여자는 처음에는 실루엣으로 보인다. 순간적으로 종수는 그녀가 해미가 아닌가 착각하는 것 같다.

연주	오빠! 미안해요…….

여자의 얼굴이 드러난다. 해미와 비슷한 나이로 보이는 여자다.

연주	(약간 호들갑스럽게) 늦었죠? 갑자기 매장에 일이 생기는 바람에……. 진짜 미치는 줄 알았어.
벤	(자리에서 일어나며 여자에게) 미안. 늦어서 차 한

잔할 시간이 없네.

종수도 따라 일어난다.

100. 카페 앞 (외부/낮)

카페 문을 나오는 벤과 연주를 종수가 따라 나온다. 벤의 차
에 소리 없이 불이 들어오며 사이드미러가 펼쳐진다. 자기 차
로 걸어가는 벤을 따라가며 종수가 묻는다.

종수   혹시 해미랑 연락하세요? (돌아보는 벤) 저는 연
           락이 안 되고 있거든요. 한 달째…….
벤   (걸음을 멈추고 종수를 바라보며) 그렇죠? 나도 걔
           연락이 안 돼요……. 해미는…… 그냥…… (허
           공에 손가락을 돌리며 흉내 낸다.) 연기처럼 사라
           졌어요.

종수는 말없이 벤을 쳐다본다. 그 말이 무슨 뜻인가 생각하는
것처럼. 그러다가 차에 타려는 벤을 쫓아가며 다시 물어본다.

종수   혹시 해미한테 무슨 이야기 들으신 건 없으세요?

벤	(걸음을 멈추고 돌아보며) 무슨 얘기요?
종수	뭐…… 여행을 가고 싶다고 했다거나…… 아니면…….
벤	(종수의 다음 말을 기다리다가) 나도 잘은 모르지만, 여행은 안 갔을 거예요. 여행 갈 돈이 없거든요. 내가 알기로…… 해미는 지금 돈이 한 푼도 없어요. 가족하고도 연락 안 하고 지내고, 친구도 없어요. 해미, 보기보다 되게 외로운 여자예요.
종수	…….

말없이 벤을 보는 종수. 벤이 연주와 함께 차에 타려다 말고 다시 종수를 돌아본다.

벤	……그런데 종수 씨, 그거 알아요?
종수	(말없이 쳐다본다.)
벤	해미가 종수 씨 특별하게 생각한 거……. 나한테 그랬어요. 이 세상에서 자기가 믿는 하나밖에 없는 사람이라고……. 언제나 자기편이 되어줄 사람이라고……. 그 이야기를 듣는데 괜히 질투가 나더라니까요. 지금까지 살면서 질투 같은 거 해본 적이 없는데…….

　　　　　　　　　　　　　　　버닝 각본집

그가 미소 짓는다. 부드러운 햇살 속에서 그의 미소가 빛난다. 그리고 두 사람은 차에 올라탄다. 아무 말 없이, 꼼짝도 하지 못한 채 멀어져가는 포르쉐를 보고 있는 종수.

101. 농로 (외부/새벽)

달리는 종수의 얼굴 *CLOSE UP*. 달리는 두 발.
짙은 새벽안개 속을 달리는 종수. 주변의 모든 것이 짙은 안개 속에 잠겨 있다. 뒤에서 무슨 소리가 들려온다. 달리면서 돌아보는 종수. 아무것도 보이지 않지만, 소리는 점점 다가온다. 이윽고 그의 뒤쪽 짙은 안개 속에서 차츰 기묘한 형체를 드러내는 경운기. 경운기 뒤쪽 짐칸에 탄 사람들 몇 명이 일어서 있어서 마치 머리를 쳐든 야수의 실루엣 같은 모양으로 나타난다. 종수가 길을 비키자, 경운기는 종수를 지나쳐간다. 경운기 짐칸에 대여섯 명의 사람들이 타고 있다. 얼굴이 검은 외국인 노동자들이다. 그들은 달리는 종수를 본다. 종수도 그들을 본다.
종수의 시점 숏. 웅크리고 앉은 채 카메라(종수)를 정면으로 보고 있는 외국인 노동자들. 어둠 속에서 그들의 눈자위와 이빨만 희게 드러나 보인다. 한동안 종수는 노동자들과 마주보면서 그 경운기 뒤를 따라 뛰어간다. 이윽고 서서히 안개 속으로 사라지는 경운기.

102. 지구대 사무실 (내부/낮)

어느 경찰서의 지구대 사무실. 순경이 앉은 컴퓨터 데스크 앞
에 종수가 서 있다.

순경   (컴퓨터 화면을 보며) 위치 추적은 다 되는 게 아
니고 어떤 경우에 제한적으로 되는 거예요. 관
계나 이런 것도 소명돼야 하고……. (흘끔 종수
의 얼굴을 본다.) 그런데 모든 일엔 동기가 있잖
아요. 동기. 왜 연락이 안 되는지 본인이 판단하
기에 어떤 거 같아요?

종수   잘 모르겠어요.

순경   여자 친구가 혹시 마지막 한 달 전쯤에 뭐 조금
신변을 비관한다든지 그런 거는 없었어요?

종수   ……없었는데요.

순경   (흘끔, 다시 한번 종수의 얼굴을 본다.) 여자 친구
회사는 어딘데요?

종수   …….

순경   회사는 어느 회사 다니는지 몰라요?

종수	나레이터 모델 알바 일 했어요.
순경	어디 뭐 정기적으로 출근한다거나 그런 거는 아니고……. 근데 182신고가 직계 가족 같은 경우에는 가족관계증명서 등록을 하면 바로 되는데, 연인 지간에는…… (또 흘끔 종수의 얼굴을 본다.) 왜냐면 제3자가 악용하면 안 되니까……. (모니터 화면을 보며) 아, 근데 이분 이미 가출 신고가 돼 있네. 2015년 4월에, 언니 신해영 씨가 가출 신고를 했네요. 모르셨어요?
종수	네…….
순경	이 아가씨 이러면 이번에도 자진 가출일 가능성이 많은데? 오래 만나셨어요?
종수	…….

안됐다는 표정으로 종수를 보는 순경.

103. 분식점 (내부/낮)

서울 변두리 동네에 있는 어느 좁고 허름한 분식점. 주방 안에서 해미 엄마가, 주방 카운터 앞에서 해미의 언니가 카메라 쪽을 보고 있다. 그들은 식당 한쪽 테이블에서 라면을 먹고

있는 종수를 보고 있다. 이윽고 해미의 언니가 종수에게 다가
간다.

해미 언니　　종수? 종수 아냐?

종수　　　　(언니를 쳐다보고) 예…….

해미 엄마　　(주방에서) 맞네? 어릴 때 모습 그대로다.

종수가 자리에서 일어나 해미 엄마에게 어정쩡하게 인사한다.

종수　　　　안녕하셨어요?

해미 엄마　　응.

해미 언니　　여기 어떻게 왔어? 해미가 보내서 왔어?

종수　　　　아뇨……. 해미하고는…….

해미 언니　　우리 집에 우연히 들어온 건 아닐 거 아냐?

해미 엄마　　얼른 먹어.

종수　　　　예. (계속 라면을 먹는다.)

해미 엄마　　수진이는 결혼했겠다.

종수　　　　예, 애도 있어요.

해미 엄마　　그래? …… 엄마랑은 연락하고 지내?

종수　　　　…… 아뇨.

해미 언니　　해미가 보내서 온 거 같은데…… 해미한테 꼭
　　　　　　　전해. 카드빚 갚기 전엔 절대 집에 못 들어온다

고…….

종수는 말없이 식사를 계속한다. 사이.

종수 　　(해미 엄마에게) 혹시 해미 어릴 때 우물에 빠졌
　　　　던 거 기억하세요?
해미 엄마 우물? 그런 일이 있었나?
종수 　　해미가 일곱 살 때요…… 우물에 빠졌었거든요.
　　　　몇 시간 동안 우물 밑에서 울고 있었어요. 울면
　　　　서 위만 쳐다보고 있었던 거예요. 누군가 나타
　　　　나기만 기다리면서…… 동그란 하늘…… 그것
　　　　만 쳐다보고 있었던 거예요.

두 여자는 대체 무슨 소리야, 하는 얼굴로 종수를 보고 있다.

종수 　　죄송해요. 그냥 그때 일이 생각나서요……. 그
　　　　때 해미 마음이 어땠을까 상상해봤어요.
해미 언니 그런 일 없었어. 그런 일 있으면 왜 우리가 몰
　　　　라? 해미가 그런 말 해?
종수 　　…….
해미 언니 걔 이야기 잘 지어내. 감쪽같이……. 우리 집 옆
　　　　에 우물 같은 것도 없었어.

종수는 말없이 식사를 계속하고, 두 사람은 보고 있다.

104. 동네 비닐하우스 (외부/아침)

이른 아침 공기 속에서 달리는 종수의 얼굴. *CLOSE UP.* 서서히 걸음을 멈춘다.
멀리 '씬 86'의 낡은 비닐하우스가 보이고, 그쪽으로 걸어가는 이장의 모습이 보인다. 보고 있는 종수. 이윽고 이장이 비닐하우스 안으로 모습을 감춘다.
다시 달리기 시작하는 종수. 비닐하우스 가까이 가보지 않고 그대로 동네 쪽으로 달린다.

105. 동네 공터 (외부/아침)

동네 가운데 있는 공터. 동네 아래쪽에서 종수가 달려온다. 자기 집 쪽으로 가려다가, 몸을 돌려 공터로 들어온다. 공터에는 시든 잡초들 사이로 철거된 건물 잔해와 폐건축자재 등이 흩어져 있다. 종수는 뭔가를 찾듯이 발밑을 보며 걸어 다닌다. 동네 아래쪽에서 걸어오는 이장이 보인다. 이장이 지나갈 때, 종수가 이장을 부른다.

| 종수 | 저, 이장님! |

걸음을 멈추고 말없이 쳐다보는 이장.

종수	여쭤볼 게 있는데요……. 옛날에 이 근처에 우
	물이 있었나요?
이장	우물?
종수	사람이 빠질 만한 좀 깊은 우물이요.
이장	글쎄…… 그런 우물은 없었던 것 같은데…….
	(서둘러 집이 보이는 쪽으로 걸어간다.)

걸어가는 이장의 뒷모습을 보는 종수.

106. 벤의 집 앞 (외부/낮)

벤의 집 앞 골목. 골목 끝에 종수의 낡은 픽업트럭이 세워져
있다. 종수는 트럭 운전석에 앉아 벤의 집 쪽을 보며 햄버거
를 먹고 있다. 그러면서도 시선은 계속 앞을 보고 있다.
종수의 시점으로 보이는 골목길. 골목 저쪽에서 순찰차 한 대
가 다가온다. 긴장하는 종수. 종수의 트럭 옆을 지날 때 내려
진 차창 너머 수상해하는 시선으로 경찰관들이 종수를 본다.

종수는 백미러로 경찰차를 계속 주시한다. 골목 끝에서 순찰차가 차를 돌려 다시 이쪽으로 오려는 것 같다. 종수는 급히 먹던 것을 치우고 시동을 켠 뒤 그 자리를 떠난다.

107. 차 안 (외부/낮)

큰 도로로 나오려던 종수가 백미러를 쳐다보면, 뒤에서 벤의 포르쉐가 골목을 나오고 있는 것이 보인다. 종수는 도로 가에 잠깐 차를 정차시켰다가, 벤의 차가 지나가자 뒤를 따른다. 계속 벤의 차를 주시하며 따라가는 종수.
벤의 차를 따라가는 종수의 시점. 번잡한 도로에서 다른 차들이 끼어들어 벤의 차가 시야에서 사라지고 만다. 종수는 계속 차들을 지나치며 포르쉐를 찾는다. 이윽고 가까스로 다시 발견한다.

108. 차 안 (외부/낮)

시간 경과. 어느새 그들은 올림픽대로에 들어서 있다. 종수는 계속 앞에서 달리는 벤의 차를 주시하고 있다. 어느 순간 갑자기 폭발하듯 빠른 속도로 달리기 시작하는 벤의 차. 당황하는 종수. 액셀을 밟으며 따라가 보지만, 벤의 포르쉐는 차선을 이리저리 바꾸며 다른 차들을 추월하여 금세 눈앞에서 사라지고 만다.

109. 편의점 앞 (외부/밤)

전철역이 가까운 강남의 어느 도로 옆에 있는 편의점. 불이 환하게 켜진 편의점 앞에서 종수가 삼각김밥을 먹으며 서 있다. 간간이 주스도 마신다. 김밥을 씹으며 도로 맞은편 건물을 올려다본다. 7, 8층쯤에 환하게 불이 켜진 헬스장이 보인다. 통유리로 된 창가에 나란히 줄지어 러닝머신 위를 뛰고 있는 사람들의 모습이 실루엣으로 보인다. 계속 위쪽에 시선을 주며 김밥을 씹는 종수의 얼굴. 무표정하다.

110. 헬스장 (내부/밤)

헬스장 안. 벤이 러닝머신 위를 뛰고 있다. 회색 운동복의 목둘레가 땀으로 젖어 있다. 그러나 달리는 동작은 경쾌하고 표정도 평온하다. 뛰고 있는 벤의 모습은 거리의 야경이 비치는 유리창에 반사되어 마치 허공을 달리는 것처럼 보인다. 눈앞

의 야경은 그가 감상하는 대형 스크린 같다. 그 스크린 한쪽
에는 이쪽을 올려다보고 있는 종수가 있다. 계속 달리며 종수
에게 눈길을 주고 있는 벤.

종수도 계속 위를 쳐다보고 있다.

111. 성당 본당 (내부/낮)

일요일 오전. 강남에 있는 어느 성당의 본당 제단. 사제복을
입은 신부가 미사를 올리고 있다.

신부	(양 팔 벌려 손바닥을 위로 향한 채) 주님께서 여러
	분과 함께.
신자들	또한 사제와 함께.
신부	마음을 드높이.
신자들	주님께 올립니다.
신부	우리 주 하느님께 감사합시다.
신자들	마땅하고 옳은 일입니다.

112. 성당 입구 (외부/낮)

방금 미사를 마치고 나온 신자들이 계단을 내려온다. 종수가 그들 틈에 끼어 내려오다가 걸음을 멈춘다. 긴장된 표정으로 계단 아래를 내려다본다. 성당 문 앞 로비에서 사제복을 입은 신부와 화기애애하게 인사를 나누고 있는 벤의 가족. 벤과 함께 있는 육십 대 부부는 그의 부모인 것 같다. 신부와 웃으며 인사를 나누는 벤.
계단 중간의 벽에 붙어 서서 몰래 보고 있는 종수의 얼굴.

113. 갤러리 레스토랑 (내부/낮)

전시 중인 현대미술 회화 작품을 감상하고 있는 종수. 그림을 감상하며 천천히 걸음을 옮기면, 갤러리 복도 너머 실내 정원에 고급 레스토랑이 보인다. 벤이 가족과 함께 식사를 하고 있다. 모처럼의 가족 모임인 듯 삼대가 함께 모여 있다. 성당에서 본 벤의 부모와 형 부부, 어린 조카들, 머리가 흰 할머니까지 같은 테이블에서 식사하는 모습이 종수의 시점으로 보인다. 벤은 조카들과 재미있게 뭔가 이야기를 하고 있다.
인서트. 현대 회화 그림들.
갤러리 관람객인 듯 그림들을 감상하며 곁눈질로 몰래 벤의 가족들을 보고 있는 종수.

114. 강변북로 (외부/낮)

차들이 밀려 있는 강변북로. 도로가 꽉 막혀 있다. 운전대를 잡고 앞을 주시하고 있는 종수.
옆 차로에 서 있는 두어 대의 차 앞에 벤의 차가 있다. 종수의 차선이 조금씩 움직이기 시작하고 벤의 차선은 막혀 있다. 종수의 차가 벤의 차 가까이로 다가간다. 차창이 내려져 있고, 벤은 담배를 피우고 있다. 벤이 자신을 보게 될까 봐 긴장하는 종수. 차가 계속 앞으로 나아가고 어느새 벤의 차가 바로 곁에 있다. 조심스럽게 고개를 돌려 벤을 보는 종수. 여유 있게 담배를 피우며 앞을 보고 있는 벤. 벤의 차가 먼저 앞으로 나간다.

115. 지방 도로 (외부/낮)

달리는 차창에 흐르는 그림자. 초점이 유리창 표면에 맞춰져 있어서 운전석의 종수는 흐릿하게 보인다. 한참 흐르다가 서서히 종수의 얼굴이 드러난다. 그의 표정은 긴장되어 있다.

햇살이 기울어지기 시작한 오후의 지방 도로를 달리고 있는
종수의 차. 벤의 차가 앞에서 달리고 있고, 꽤 거리를 두고 종
수의 차가 따라가고 있다.

116. 차 안 (외부/낮)

종수의 시점으로 보이는 벤의 포르쉐. 그 차를 놓치지 않으려
고 계속 주시하고 있는 종수.
벤의 포르쉐가 나지막한 산 쪽으로 가는 좁고 한적한 도로로
들어선다. 종수의 차가 따라간다. 포르쉐는 작은 마을을 지나
산 쪽으로 다가간다. 좁은 도로 양쪽에 나무들이 우거져 있
다. 차창에 반사되어 흐르는 나무 그림자들. 숲길을 지나자,
황량한 공지가 나타난다. 산을 깎아 석회석을 채취하던 흉물
스런 절벽이 한쪽에 보이고, 다른 한쪽에 석회석 폐공장이 보
인다. 그러나 앞에 달리던 벤의 차가 보이지 않는다.
당황하는 종수. 고개를 돌려 벤의 차를 찾는다. 그러다가 룸
미러를 통해 뒤에 있는 벤의 차를 본다.
룸미러에 비친 벤의 포르쉐. 어디 있다가 나타났는지 저만치
뒤쪽에서 올라오고 있다. 당황한 종수, 폐공장 뒤쪽으로 차를
몰아 들어간다.
종수의 긴장된 표정. 먼지를 일으키며 포르쉐가 공장 앞을 지

나고 있다.

차에서 내린 종수는 주위를 둘러본다. 주변은 전형적인 범죄의 현장 같은 으스스한 분위기다. 이런 곳에 왜 벤이 찾아왔는지 이해할 수 없다. 이윽고 벤의 차가 올라간 길로 걸어 올라가는 종수.

117. 숲속 (외부/낮)

풀숲과 나무들을 헤치며 산을 오르는 종수.

118. 저수지 (외부/낮)

숲이 끝나는 곳에서 몸을 숨기고 조심스럽게 고개를 내미는 종수. 그의 얼굴은 점점 의심과 긴장에 휩싸인다.

산 중턱에 있는 저수지. 주변은 짙은 산그늘에 덮여 있고, 저수지의 수면에만 저녁 하늘이 담겨 거울처럼 밝게 빛나고 있다. 아주 평화롭고 고즈넉한 분위기다. 저수지 둑 위에 벤이 서서 저수지를 바라보고 있다.

벤의 얼굴은 평온하다. 그는 혼자 이 저녁녘의 호젓한 평화와 아름다움을 즐기고 있는 것 같다. 저수지 수면에 고기들이 튀어 오르면서 내는 물소리가 들릴 뿐, 주변은 너무나 고요하다. 벤은 가끔 작은 돌을 집어서 저수지 수면에 던지기도 한다. 그런 벤의 모습을 숨을 죽인 채 지켜보고 있는 종수.

119. 집 안 (내부/밤)

밤중에 마루에 있는 소파에 누워서 자고 있는 종수. 갑자기 소스라쳐 일어난다. 악몽을 꾼 것 같다. 잠시 정신을 차리려 한다. 밖에서 대남 방송의 스피커 소리가 들려오고 있다. 갑자기 전화벨 소리가 어둠을 울린다. 받을까 말까 망설이다가 결국 수화기를 든다.

종수　　　여보세요.

여전히 상대는 말이 없는 것 같다. 기다리다가 수화기를 놓으려는데,

목소리(F)　(오십 대 여자의 목소리) 종수야.
종수　　　······.
목소리(F)　종수 맞지?
종수　　　······예.

목소리(F)   나……엄마야.

굳어버린 듯 말없이 수화기를 들고 있는 종수.

120. 커피숍 (내부/낮)

어느 커피숍 안. 종수가 엄마와 마주 앉아 있다. 엄마는 나이에 비해 화장이 짙은 편인데, 왠지 나이보다 더 늙어 보인다. "까똑" 하는 소리가 들리자 핸드폰을 확인하고 짧게 문자를 보낸 뒤 이야기를 하는 엄마.

엄마   ……집에도 찾아오고, 시도 때도 없이 전화해대고, 내가 요새 일하는 백화점 화장실에까지 찾아와. 시커멓게 입고! 꼭 그거 같아, 저승사자! 아휴, 돈 오백만 원이 뭐라고……. 내가 젊어서 장기라도 팔 수 있었으면 벌써 팔았을 거야. 내가 오죽하면 16년 만에 아들을 만나서 이런 소리 하겠니?

또다시 "까똑" 하는 소리와 함께 핸드폰을 확인하고 짧게 문자를 보낸다. 문자를 보낼 때는 재밌어하는 표정으로 바뀐다.

그런 엄마를 보고 있는 종수의 얼굴.

종수   제가 해드릴게요.

엄마   (카톡 하다가) 어?

종수   제가 해결해드린다고요. 걱정 마세요.

엄마   (반색하며) 돈 있어? 니가 무슨 돈이 있어?

다시 "까똑" 하는 소리와 함께 핸드폰을 확인한다. 뭔가 재밌
다는 듯 웃는다. 종수에게는 그런 엄마가 좀 철없어 보이는
것 같다.

종수   (말없이 엄마를 보고 있다가) 엄마…….

엄마   어?

종수   옛날에 우리 동네 가운데쯤에 해미 집 있었잖아
          요. 그 근처에 우물이 있었어요?

엄마   우물? 있었지. 물 없는 마른 우물…….

종수   정말요? 그 우물에 해미가 빠진 적 있다던데…….

엄마   그건 모르겠고…… 우물은 있었어. (종수의 표정
          을 보고 이상하다는 듯이) 왜 그래?

121. 벤의 집 앞 (외부/저녁)

어스름이 깔리고 있는 벤의 동네 골목. 종수의 픽업트럭이 들어온다. 벤의 빌라가 멀찍이 보이는 곳에 차를 세운다.

시점 숏. 차 안에서 보는 벤의 집 앞 풍경. 종수가 운전석에 앉은 채 계속 앞쪽을 주시하고 있다. 전화벨이 울린다. 휴대폰을 들어본다.

인서트. 휴대폰 화면에 '벤'이라는 이름이 떠 있다.

받을까 말까 망설이는 종수. 그동안에도 전화벨은 계속 울린다. 결국 전화를 받는다.

종수	여보세요?
벤(F)	종수 씨, 어디예요?
종수	(당황한다.) 어…… 강남이요.
벤(F)	강남 어디요?
종수	여기가…….

당황해서 대답을 제대로 하지 못하는 종수. 그때 누군가 차창을 두드린다. 종수가 고개를 돌려보면, 벤이 차창 안을 들여다보고 있다. 근처 마트에서 장이라도 봐오는지 커다란 비닐봉지를 들고 있다.

벤	어쩐지 차가 낯이 익다 했는데, 종수 씨 맞네. (흰 이를 드러내며 여전히 사람 좋은 미소를 띠고 있다.) 여기 웬일이에요? 나 만나러?
종수	예……. 사실은 해미에 대해 할 이야기가 좀 있어서요.
벤	그럼 전화를 하지. ……들어가요. 이왕 왔으니까……. 들어가서 얘기해요. 차 우리 주차장에 세우고…….

벤이 커다란 비닐봉지를 들고 빌라 쪽으로 걸어가고, 종수의 차도 그 옆에서 천천히 따라간다.

122. 엘리베이터 (내부/밤)

엘리베이터에 서 있는 두 사람. 좁은 엘리베이터 안에서 서로 마주 보고 서 있다. 벤은 말없이 미소 지은 채 종수를 본다. 종수는 이 침묵이 부담스럽다. 이윽고 벤이 입을 연다.

| 벤 | 잘됐네. 이따 우리 집에서…… 친구들하고 저녁 먹고 한잔하기로 했는데, 종수 씨도 쪼인해요. 지난번에 봤던 친구들이라, 괜찮아요. |

종수	파티 같은 건가요?
벤	파티라기보다…… 모임이죠. 편한 모임.

123. 벤의 집 (내부/밤)

벤이 주방 조리대 위에 장봐온 물건을 올려놓는다. 집 안을 둘러보는 종수. 지난번과 다름없이 깨끗하고 안온하게 느껴진다. 종수는 왠지 모를 긴장감을 느끼는 얼굴인데, 벤은 편안한 표정으로 이따 있을 모임을 위해 저녁 준비를 하기 시작한다.

종수	손님들이 많이 오시면 준비할 게 많겠어요.
벤	아뇨, 팟럭 파티 같은 거라 각자 음식을 들고 오기로 했어요. 난 술하고 간단한 안주만 만들면 되고. 누가 미리 와서 도와주기로 했는데…… 좀 늦네요.

갑자기 어디선가 고양이 울음소리가 들린다.

종수	이게 무슨 소리죠?
벤	아, 고양이가 있거든요.

종수	고양이요? ……지난번에는 없었잖아요.
벤	예, 얼마 전에 주인 없는 고양이 한 마리 데리고 왔어요. 하도 이쁘게 생겨서…….

얼핏 식탁 의자 다리 사이로 지나가는 고양이가 종수의 눈에 들어온다.

종수	진짜 이쁘네요.
벤	그렇죠? 고양이 좋아해요?
종수	이름이 뭐예요?
벤	아직……. 이름 짓는 게 의외로 어렵더라고요.

종수는 다시 고양이를 눈으로 찾는다. 그러나 고양이는 보이지 않는다.

벤	종수 씨는 무슨 소설을 쓰세요? 이런 거 물어봐도 되나?
종수	……아직 어떤 소설을 써야 할지 잘 모르겠어요.
벤	왜요?
종수	(잠시 대답을 망설이다가) 나한테는…… 세상이 수수께끼 같아요.
벤	…….

종수   (계속 고양이가 신경 쓰인다.) 화장실 좀…….

화장실로 가는 종수의 뒷모습을 흘끔 보는 벤. 복도를 걸어
화장실로 가며 종수는 몰래 주위를 둘러본다. 고양이를 찾는
것 같다. 그러나 고양이는 보이지 않는다.

124. 욕실 (내부/밤)

반쯤 열린 욕실 문을 밀고 들어온 종수가 욕실 안을 둘러보지
만, 고양이는 보이지 않는다. 욕실은 지난번과 다름없이 밝고
깨끗하다. 종수는 왠지 모를 느낌에 장식장 문을 열어본다.
장밋빛 가죽 케이스의 화장 가방이 그대로 있다. 그는 장식장
아래쪽 서랍을 연다.
인서트. 목걸이, 액세서리, 머리핀 같은 여자들의 작은 물건
들. 종수의 손이 그중에서 뭔가를 집어 든다. 핑크색 스포츠
용 손목시계다.
시계를 보고 있는 종수의 얼굴. 언젠가 자신이 해미에게 준
시계임이 분명하다고 생각한다. 시계를 다시 제자리에 놓는
데, 그 순간 현관의 초인종 소리가 들려온다.

125. 벤의 집 (내부/밤)

종수가 화장실을 나와 보면, 벤이 현관문을 열어주고 있다.
지난번 카페에서 만났던 연주가 집 안으로 들어온다.

연주   오빠, 미안해요. 아, 일찍 올라고 했는데…….
벤   문 닫아야 돼. 고양이 나가.
연주   (발밑을 보며 놀라 호들갑스럽게 소리 지른다.) 어마!

열린 문으로 재빨리 나가버리는 고양이.

연주   어마, 어떡해…… 어떡해…….
벤   (문밖으로 나가며) 어떡하긴, 빨리 잡아야지.

연주도 벤을 따라 집을 나간다. 혼자 남은 종수도 잠깐 망설
이다가, 그들을 따라 계단으로 내려간다. 고양이를 부르는 연
주의 목소리가 들려온다.

연주(O.S)   고양아 어디 있니, 고양아……. 나비야…….

126. 계단, 주차장 (내부/밤)

계단을 내려가며 고양이를 찾는 벤과 연주. 몇 걸음 뒤에서 그들의 뒤를 따라 계단을 내려가는 종수.
주차장에 나온 벤과 연주는 주차된 차들 밑을 보며 고양이를 찾고 있다. 뒤늦게 나와 주차장을 둘러보던 종수가 조심스레 걸음을 멈춘다. 어느 차 뒤에서 고양이가 웅크리고 앉아서 종수를 빤히 쳐다보고 있다.

종수   가만히 있어. 가만히······.

종수가 조심조심 다가간다. 그러나 가까이 가자, 몸을 일으켜 물러나는 고양이.

종수   (그 자리에 멈춰 서서) 이리 와, 이리 와······. 고양아······.

그러나 꼼짝도 않고 종수를 쳐다보고 있는 고양이. 종수가 다시 고양이를 불러본다.

종수   보일아······.

꼼짝 않고 종수를 보고 있는 고양이.

종수　　（벤 쪽을 힐끗 돌아보고 나서 작은 소리로) 보일아,
　　　　　보일아…….

이윽고 몸을 일으키는 고양이. 거짓말처럼 천천히 종수에게
다가온다. 종수 앞에서 멈칫하는 순간 재빨리 고양이를 안아
드는 종수. 고양이를 안은 채 그는 잠깐 어찌할 바를 모르는
것처럼 그 자리에 서 있다.

연주(O.S)　　와, 고양이 잡았다!

종수가 돌아보면, 벤과 연주가 걸어오고 있다.

벤　　　　신기하네. 어떻게 그렇게 쉽게 잡았지? 엄청 날
　　　　　쌘 녀석인데…….
연주　　　저 한 번만 안아봐도 돼요?

종수가 건네주면 조심스럽게 받아 안는 연주.

연주　　　아, 이뻐. 야옹아…….

그때 자동차의 전조등 빛이 그들을 비추며 경적이 울린다. 돌아보면, 자동차 두 대가 주차장으로 들어서고 있다. 떠들썩한 소리와 함께 사람들이 차에서 내린다. 벤의 친구들인 것 같다. 벤이 그쪽으로 걸어가고, 종수는 연주를 돌아본다.

고양이를 안은 채 예뻐하며 들여다보고 있는 연주의 모습. 그 모습은 종수에게 어쩐지 해미를 연상시킨다.

127. 벤의 집 (내부/밤)

지난번에 해미와 같이 만났던 친구들이 거실에 앉아 있다. 테이블 위에는 이것저것 음식들이 차려져 있고, 사람들은 와인 잔을 기울이며 편하게 이야기하는 중이다. 술이 좀 돈 듯 분위기가 고조되어 있는 것 같다. 사람들 사이에서 연주가 앉아 이야기를 하고 있고, 사람들은 그녀의 이야기를 흥미 있게 듣고 있다. 그녀는 한창 중국인 관광객들 이야기를 신나게 하고 있는 중이다. 그녀는 아마도 중국인 관광객을 상대로 하는 면세점에서 일하는 모양인데, 벤의 친구들은 그녀의 이야기를 들으며 재미있다는 듯 웃고 있다.

연주   중국 사람들은 돈을 줄 때 막 던져요. (손으로 던지는 시늉을 하며) 이렇게……

여자 친구2	왜 그래요?
연주	걔네들은 돈은 더러운 거예요. 우린 돈 애지중지하잖아요. 걔네는 돈을 막 대해요. 자존심이 강해서 그런가 봐요. 중국 사람들이 진짜 자존심 세거든요. 막 지폐를 꾸깃꾸깃해서 (하나씩 던지는 시늉) 이, 얼, 싼, 쓰, 하고 던지면서 줘요. 옜다, 가져라 하고…… .

사람들이 소리 내어 웃는다. 예전에 해미가 그랬던 것처럼 연주도 왠지 이 자리에 좀 어울리지 않아 보인다. 벤의 친구들 사이에 있는 연주의 모습은 묘한 기시감을 불러일으킨다. 그러나 연주는 사람들이 모두 자기를 보고 이야기를 들으며 웃어주는 것이 마냥 좋은 모양이다.

남자 친구1	중국 사람은 미국 사람이랑 비슷해. 우린 유교 문화라고 우리하고 비슷할 거라고 착각하는데…… .
여자 후배1	어떤 점이 그래?
벤 후배	대륙이지, 대륙…… .
연주	(더욱 신이 나서) 샘플 같은 것도 되게 당당하게 달라고 해요. 길거리 가게에서는 막 주잖아요. 우리 면세점에서는 고가품을 구매해야만 사은품이 나가거든요. 제가 분명히 (두 팔을 크로스해

보이며) 메이요우. 샘플 없다. 메이요우. 그래도
계속 앞에 서서 요우! 요우! 있잖아, 있으니까
달라고! (깔깔 웃는다.)

벤의 친구들은 재미있다는 듯 웃고, 그녀는 더욱 고양되어서
우스꽝스런 중국어 발음으로 더 신나게 이야기한다. 여자 후
배1의 품 안에 안긴 고양이가 보인다. 고양이는 더없이 편안
하고 나태한 자세로 길게 몸을 눕힌 채 졸음에 겨운 눈을 게
슴츠레 뜨고 있다.
종수의 시선이 벤에게 옮겨간다. 마침 벤은 연주를 보며 몰래
하품을 하고 있다. 눈치 채지 않게 입을 다문 채 하품을 하다
가 종수와 눈이 마주친다. 종수에게 미소 짓는 벤. 그러나 종
수는 웃지 않고 벤을 본다. 사람들은 계속 농담을 주고받으며
웃고 떠들고 있다.
종수는 말없이 자리에서 일어나 현관 쪽으로 걸어간다. 현관
앞에서 걸음을 멈추고 거실 쪽을 돌아보는 종수. 여전히 사람
들의 웃음소리와 말소리가 들려온다. 조용히 현관문을 열고
나가는 종수.

128. 주차장 (내부/밤)

주차장에 내려온 종수. 주차장 한쪽에 세워 둔 픽업트럭으로 걸어간다. 차 앞에서 걸음을 멈추었을 때, 뒤쪽 엘리베이터 입구에서 벤이 나타난다. 그가 천천히 종수에게 다가온다. 엘리베이터 입구 불빛의 역광 때문에 그의 모습은 약간 실루엣으로 보인다. 그가 종수 뒤로 다가오는가 싶더니 종수의 목에 장난스럽게 팔을 감는다. 놀라 돌아보는 종수. 벤은 종수의 목에 팔을 감은 채, 마치 가까운 형처럼 친밀한 어조로 말한다.

벤   왜 그냥 가요? 더 얘기도 하고 놀다가 가지…….
종수   …….
벤   아까 해미에 대해서 뭐 할 말이 있어서 왔다고 하지 않았나?
종수   ……이제 얘기 안 해도 될 것 같아요.
벤   종수 씨는…… 너무 진지한 거 같애. 진지하면 재미없어요. 좀 즐겨야지. (목을 감은 한 손을 종수의 가슴에 갖다 댄다.) 여기서 베이스를 느껴야 돼요. 베이스가 되게 중요해요. 뼛속에서부터 그게 좀 울려줘야…… 그게 살아 있는 거지.
종수   …….

종수는 말없이 벤의 손을 풀고 자기 차에 올라탄다. 차 시동을 걸고 출발하는 동안 그는 벤을 돌아보지 않는다. 벤도 말없이 보고 있다. 차가 주차장을 빠져나간다.

계속 그 자리에 서서 멀어져 가는 종수의 차를 보고 있는 벤의 얼굴. 평화로운 밤의 서래마을을 빠져나가는 종수의 픽업트럭. F.O.

129. 지방법원 (내부/낮)

법원의 검색대 앞. 종수가 검색대를 통과해서 엘리베이터를 탄다.

130. 법정 (내부/낮)

고양지원 법정. 재판정 옆문이 열리고 수인복을 입은 용석이 두 명의 교도관과 함께 들어선다. 방청석에는 종수가 앉아 있다. 지난번에 만났던 변호사가 변호인석에 가서 앉고, 아버지가 교도관과 함께 피고인석으로 가서 선다.

판사   생년월일 말씀해보세요.

용석   58년 6월 21일입니다.

판사는 용석을 세워둔 채로 예의 그 어린아이를 달래는 초등
학교 선생님 같은, 끝을 조금씩 올리는 말투로 곧장 판결을
내린다.

판사   자, 피고인이 다 자백하고 있어서 바로 양형에 대
한 이유입니다. 양형이유. 이 사건 범행은 피고인
이 행정처분을 내린 공무원을 찾아가서 폭행한
사건으로서 죄질이 좋지 않습니다. 특수공무집
행방해, 폭행, 재물 손괴 다 유죄로 인정합니다.
피해자가 엄지손가락이 부러져서 전치 6주의 상
해를 입은 것에 대해 고의로 폭행한 것이 아니
라고 하지만, 의자를 휘둘러서 집기가 부서지고
그 과정에서 다친 만큼 폭행상해로 판단하는 데
에는 아무런 의문이 없습니다. 피고인이 피해
자와 합의를 하지 아니하고, 피해자가 피고인
의 처벌을 원하고 있는 점, 전에도 유사한 사건
으로 처벌받은 점 등을 고려하면 그에 상응하는
처벌이 필요하다고 판단해서 주문(主文)과 같이
형을 선고합니다. 주문. 피고인을 징역 1년 6월
에 처한다. 이 판결에 불복하면 7일 내에 항소

할 수 있습니다. 항소 법원은 서울 고등법원, 항
소장 제출은 이 법원이고 교도소장한테 제출해
도 됩니다. 자, 이상 선고 마칩니다.

판결이 끝나고 용석이 나갈 때 걸음을 멈추고 방청석을 돌아
본다. 다시 종수와 눈이 마주친다. 교도관이 빨리 나가자고
재촉하듯 그의 등을 민다. 법정을 걸어 나가는 아버지를 말없
이 보고 있는 종수.

131. 축사 (내외부/낮)

종수의 집 축사. 종수가 동네 이장과 함께 지켜보고 있는 가
운데, 소 장수가 종수의 송아지를 데리고 축사를 나간다. 따
라 나가는 종수. 소 장수는 축사 앞에 세워둔 트럭의 짐칸에
송아지를 태우고, 송아지는 별 저항 없이 순순히 트럭에 오른
다. 종수가 트럭 위의 송아지를 쳐다본다. 송아지가 종수를
향해 인사라도 하듯 물기 어린 눈망울을 끔뻑거리며 가는 울
음소리를 낸다.

132. 동네 비닐하우스 (외부/아침)

아침 공기 속에서 달리는 종수. 낡은 비닐하우스가 멀리 보인다. 그러나 오늘은 이장이나 늙은 주민이 보이지 않는다. 서서히 걸음을 늦추는 종수. 비닐하우스 쪽으로 다가간다. 어디선가 누군가의 노랫소리가 들린다. 비닐하우스 안을 들여다보는 종수.
종수의 시점으로 보이는 낡은 비닐하우스 안. 필리핀 여자가 혼자 앉아 노래를 부르고 있다. 필리핀의 전통 민요 같은 노랫소리가 처연하게 아침 공기 속으로 퍼져 나간다.
계속 달리는 종수. 차가운 공기 속에 하얀 입김이 퍼져 나간다. 멀어져가는 종수의 뒷모습.

133. 해미의 방 (내부/낮)

침대에 누워 있는 누군가의 시점으로 보이는 남산타워. 뾰족하게 솟은 타워의 유리창에 햇빛이 반사되고 있다.
침대에 모로 누워 있는 남자의 다리를 여자의 다리가 뒤에서 감싸고 있다. 남자의 바지가 무릎쯤에 걸쳐져 있고, 카메라가 천천히 올라가면 남자의 등 뒤에 여자가 바짝 붙어 누워 있다. 남자의 허리를 돌아간 여자의 손이 규칙적으로 움직이며 핸드잡을 해주고 있음을 알 수 있다. 카메라가 더 올라가면 옆으로 누워 있는 종수와 그의 뒤에 꼭 붙어 있는 해미를 볼 수 있다. 그녀의 얼굴은 종수의 뒷머리에 바싹 붙어 있고, 약간 벌린 입이 종수의 귀에 닿아 있다. 그 자세로 그녀는 계속 손을 움직이고 있다. 방 안의 정적 속에 들릴락 말락 핸드잡을 하는 마찰음과 두 사람의 여린 숨소리만 들린다. 해미는 종수를 위해 최선을 다해 핸드잡을 해주고 있다. 이윽고 아주 힘들게 절정에 이르는 종수. 그가 사정하자, 해미가 동작을 멈춘다. 그녀는 종수의 머리에 얼굴을 붙인 채 그가 느끼는 것을 똑같이 느끼고 있는 것 같다. 종수는 그 자세 그대로 창문 밖을 보고 있다. 창문 너머 보이는 남산타워의 유리창에 햇빛이 무심히 반사되고 있다.

해미의 침대에 꼼짝 않고 누워 있는 종수.
반쯤 내려진 바지가 무릎에 걸쳐져 있고 태아처럼 다리를 구부리고 있는 아까의 자세 그대로지만, 해미 없이 혼자 누워 있다. 환상은 사라지고 차가운 현실이 남았다. 참을 수 없는 공허감이 그를 사로잡고 있다. 그의 눈에서 소리 없이 눈물이 흘러내린다.

134. 해미의 방 (내부/낮)

시간 경과 후 해미의 방. 창밖으로 보이는 해질녘의 남산타
워. 좁은 방 가운데로 옮겨진 식탁에 앉아 노트북으로 소설
을 쓰고 있는 종수의 모습. 화면을 들여다보며 자판을 두드리
던 손을 멈추고 뭔가 생각하다가 다시 치기 시작한다. *CLOSE
UP.* 그의 두 눈에 화면이 비쳐 보인다.

이윽고 서서히 카메라 뒤로 물러나면, 창문 너머로 책상에 앉
아 부지런히 노트북의 자판을 두드리는 종수가 보인다. 카메
라가 더 물러나면서, 해미의 옥탑방과 그 너머 저녁노을이 물
든 서울 하늘 아래 크고 작은 수많은 건물들이 보인다.

수많은 사람들의 수많은 이야기들이 있을 법한 건물과 집들.
그중 하나의 창에서 소설을 쓰고 있는 종수.

135. 벤의 욕실 (내부/낮)

자기 집 욕실의 거울 앞에서 드라이어로 머리를 말리고 있는
벤. 욕실은 화사하게 밝고 깨끗하다. 드라이를 끝내자, 그는
얼굴에 스킨 토너를 두드리고 다시 로션을 바른다. 그의 시선
은 시종 거울 속 자신의 모습에 고정되어 있다. 분명 거울 속
자신에 대한 자기애적 만족감을 느끼면서도 표정은 왠지 진

지해 보이고, 동시에 뭔가 즐거운 일을 앞둔 것 같은 흥분을 억누르고 있다. 치장을 완전히 끝낸 뒤 그는 장식장을 열어 안에 놓인 화장 가방을 들고 욕실을 나간다.

136. 벤의 거실 (내부/낮)

베란다 창으로 햇볕이 들어오는 거실. 바닥에 연주가 앉아 있고 벤이 그 앞에 앉아서 화장을 해주고 있다. 벤은 옆에 놓인 화장 가방 속 도구들을 이용해 화장을 해주고 있는데, 연주가 키득거리면 짐짓 벤이 나무라는 듯한 표정을 짓는다. 장난스러우면서도 진지한 분위기. 카메라가 천천히 다가간다(풀 숏에서 꽉 찬 두 얼굴까지).

벤의 손놀림은 전문가의 그것처럼 섬세하면서도 익숙하다. 여자의 얼굴에 부드럽게 볼터치도 하고 아이섀도도 그리고 눈썹도 그린다. 그의 얼굴은 어떤 의식을 치르는 것처럼 진지하지만, 또한 좋아하는 것을 하는 즐거움도 숨기지 못하고 있다. 그에게 얼굴을 맡기고 있는 연주 또한 이 모든 것을 즐기고 있는 것처럼 보인다. 핸드폰 진동음이 들린다. 그러나 벤은 무시하고 화장을 계속한다. 작은 붓으로 여자의 입술에 립스틱을 바른다. 붉게 칠해진 여자의 입술에 간질이듯 후 가늘게 숨을 분다. 여자의 입술이 웃음을 참는다. 진동음이 계속

되자, 벤은 몸을 돌려 테이블에 놓인 핸드폰을 들어서 본다. 발신자를 확인한 뒤 전화기를 놓고 다시 화장을 계속한다. 진동음은 계속된다.

137. 벌판 (외부/저녁)

땅거미가 지기 시작하는 저녁 무렵, 어느 황량하게 보이는 벌판. 오래 쓰지 않고 버려진 듯한 낡고 때 묻은 비닐하우스 몇 동이 보인다. 벌판 사이의 시멘트 도로로 차 한 대가 다가온다. 이윽고 가까이 와서 멈추면 벤의 쥐색 포르쉐임을 알 수 있다. 벤이 차에서 내려 흥미 있다는 듯이 주위를 둘러보고, 비닐하우스 쪽도 바라본다. 시계를 보는 걸 보면 누군가를 기다리고 있는 것 같다.

잠시 후 멀리서 차가 한 대 다가온다. 종수의 낡은 픽업트럭이다. 벤은 약간 긴장된 시선으로 다가오는 종수의 차를 보고 있다. 저만치 떨어져서 차가 선다. 차는 선 채 그대로 있고 아무도 내리지 않는다. 앞 유리창에 노을이 지는 하늘이 반사되고 있어서 안에 타고 있는 사람을 볼 수가 없다. 그것을 보고 있는 벤. 이윽고 차 문이 열리고 종수가 내리더니 이쪽으로 걸어오기 시작한다. 벤의 굳은 표정이 풀어진다.

벤   (반갑게) ······종수 씨!

천천히 이쪽으로 걸어오는 종수를 바라보는 그의 얼굴에는
선의가 가득하다.

벤   여기 비닐하우스 참 많네요.

천천히 다가오는 종수. 그의 얼굴에도 웃음기 같은 것이 있
다. 그러나 어쩐지 그 웃음은 좀 어색하다. 마침내 종수가 벤
가까이 다가와 선다.

벤   (차 쪽을 보며) ······해미는 어딨어요?
종수   ······.
벤   해미하고 같이 보자면서요. 해미 같이 안 왔어요?
종수   ······.

종수는 말없이 벤을 쳐다본다. 뭔가 말할 수 없는 답답함이
그를 사로잡는 것 같다. 문득 그가 손을 앞으로 내밀고, 벤이
그 손에 들린 것이 무엇인지 깨닫는 순간, 느닷없이 종수는
벤을 찌른다. 미처 놀랄 틈도 없이 한 번, 두 번, 세 번 연거푸
복부를 찌른다.
벤이 자기 차 쪽으로 비틀거리며 달아난다. 차 문을 열려고

하는 그를 종수가 잡아 몸을 돌려 다시 찌른다. 벤은 차에 기댄 채 종수의 칼을 막아보려 하지만 점점 힘이 빠진다. 벤이 종수의 몸을 안는다. 두 사람은 마치 포옹하는 듯한 자세로 몸을 붙이고 서서 서로를 본다. 마침내 벤은 몸에서 완전히 힘이 빠져나가며 주저앉더니 땅바닥에 쓰러져 눕고 만다. 그의 텅 빈 눈이 종수를 쳐다본다. 벤의 몸은 이제 움직임이 없어진 것 같다.

종수는 늘어진 벤의 몸을 포르쉐 운전석 안으로 밀어 넣는다. 일어서는 그의 옷은 온통 피로 젖어 있다. 거칠게 숨을 헐떡이며 종수는 자기 차로 걸어간다. 차에서 플라스틱 통을 꺼내 들고 걸어온다. 뚜껑을 열고 통에 든 휘발유를 벤의 몸에 붓는다. 뒤이어 차 안 여기저기 휘발유를 뿌린 뒤 빈 통을 차 안에 던져 넣는다.

차 문을 닫으려다가, 피에 젖은 자신의 옷을 내려다보고는 옷을 벗기 시작한다. 윗옷을 벗어 던져넣고, 피 묻은 바지도 벗어 던진다. 잠깐 망설이다가 속옷까지도 다 벗어 던져넣는다. 완전히 벌거벗은 몸이 된 채 그는 벤의 지포라이터를 켜서 차 안으로 던져넣는다. 극도의 흥분 상태로 온몸을 떨고 있다. 그는 픽업트럭으로 걸어가서 차에 오른다.

차에 탄 채로 종수는 잠시 앞을 보고 있다. 아직도 그는 몸을 떨고 있다. 차창이 점점 밝아진다 싶더니, 차창에 솟구치고 있는 불길이 비친다. 이윽고 종수는 차를 출발시킨다. 벤의 차 옆으로 다가갈수록 창유리에 불길이 더 크게 비친다. 벤의 차를 지나치며 종수는 운전대를 잡은 채로 백미러에 비친 그 불길을 계속 보고 있다.

공터를 벗어나서 도로에 진입하자 차 속도가 빨라진다. 픽업 트럭 뒤창으로 보이는, 불길에 휩싸인 벤의 포르쉐도 빠르게 멀어진다. 백미러를 통해 차츰 멀어지는 불길을 보는 종수. 그의 얼굴이 어둠 속에 묻혀간다.

천천히 F.O.

삶의 의미를 구하는 춤

오정미×이창동 대담

• 이 짤막한 대담은 영화 '버닝'의 칸 국제영화제 공개와 국내 개봉을 앞둔 2018년 5월 국내외 기자들에게 배포된 보도자료집에 실린 것이다. 이 책에 재수록된 텍스트는 두 작가가 일부 수정, 보완했다.

나는 2010년에 영화 학교에서 이창동 감독을 만나 서사(story telling)에 대해 배웠다. 그는 "좋은 이야기는 만들어내는 것이 아니라 만나게 되는 것"이라고 가르쳤다. 그것은 마치 살아 있는 생명체처럼 이 세상 어딘가를 떠돌아다니고 있기에, 내가 알아볼 수 있는 눈을 가지고 있다면 살면서 언젠가 만나게 되는 것이라고 했다.

학교를 졸업한 뒤 그의 작가로서 함께 시나리오 작업을 한 5년 동안, 수없이 많은 이야기들이 우리를 다녀가거나 우리의 주위를 맴돌았다. 그중 몇몇은 시나리오로 쓰이기도 했지만, '왜 이걸 꼭 영화로 만들어야 하는가'라는 질문에 대한 이유를 찾지 못했기에 보류되었다. 우리는 끊임없이 우리 자신도 잘 모르는 미지의 길을 찾아 지구를 몇 바퀴째 돌고 있는 것 같았다. 무라카미 하루키의 단편소설 〈헛간을 태우다〉를 만나게 된 것은 기다림에 꽤 지쳐 있을 때였다. 이창동 감독의 말대로 이야기는 예기치 않게 엉뚱한 곳에서 우리를 찾아왔다.

오정미　　　감독님이 무라카미 하루키의 단편소설을 영화로 만든다는 것에 대해 사람들이 꽤 놀라기도 하고, 흥미로워하는 것도 같아요. 이 소설이야말로 '아무것도 일어나지 않는(nothing happens)' 이야기, 즉 감독님이 서사 강의 시간에 학생들에게 되도록 피해야 한다고 가르쳤던 종류의 이야기 아닌가요?

이창동　　정미 씨가 처음 이 단편소설을 추천했을 때, 나 역시 의외라고 생각했어요. 미스터리한 분위기를 풍기긴 하지만 결국 아무 일도 일어나지 않는 이야기였으니까요. 그러나 곧 이 이야기의 미스터리함이 매우 영화적이라는 데 동의하게 되었지요. 짧은 이야기 속의 작은 미스터리는 영화적인 방식을 통해 여러 겹의 더 큰 미스터리로 확장될 수 있고, 그 '진실'을 알 수 없는 인과 관계의 빈자리가 오늘날 우리가 사는 세계의 미스터리함을 암시할 수 있으리라고 생각했어요. 분명히 뭔가 잘못되었다고 느끼면서도 무엇이 문제인지 알 수 없게 된 세상에 대한 이야기 말이죠.

오정미　　우리는 그동안 시나리오 작업을 했던 이야기들 중 몇 개를 묶어 '분노 프로젝트'라고 부르기도 했었죠. 그만큼 감독님은 사람들의 분노, 특히 요즘 젊은이들이 품고 있는 분노에 대해 이야기하고 싶어 하셨어요. 그렇지만 또 익숙한 방식의 서사는 피하고 싶어 하셨죠. 무라카미의 이 짧고 미스터리한 이야기가 어떻게 분노에 관한 이야기로 발화하게 되었을까요?

이창동　　지금 사람들은 세계 어디에서든 국가와 종교, 계층을 막론하고 각각의 이유로 분노하고 있는 것 같아요. 그중에서도 문제가 되는 건 청년들의 분노예요. 한국의 청년들도 매우 힘들어하고 있잖아요. 일자리를 얻기도 힘들고 지금 현재 희망을 느끼지도 못하는데, 그렇다고 미래에도 뭔가 달라질 것 같지도 않으니까요. 그리고 그 분노의 대상을 찾을 수 없어 더욱 무력감을 느끼고 있어요. 그런데도 겉으로는 점점 세련되고 편리해지고 아무 일 없다는 듯이 멀쩡해 보이는 이 세상이 그들에게는 커다란 수수께끼, 미스터리처럼 보일 거란 생각이 들었지요. 무라카미의 단편소설에서 주인공이 정체를 알 수 없는 상대에 대해 무력감을 느끼듯이 말이죠.

오정미　맞아요. 평범하고 보잘것없는 사람일수록 그 무력감을 이해할 수 있을 것 같아요. 그리고 저의 경우 처음 단편소설을 읽을 때 "쓸모없는 헛간을 태운다"는 말에서 '쓸모없는 헛간'이 '쓸모없는 사람'을 가리키는 메타포가 아닐까라는 생각을 했고, 여기에 스스로 감정 이입이 되어 분노의 감정을 느꼈던 것 같아요. 그런데 또 다른 한편으로 감독님이 이 프로젝트에 흥미를 느끼신 건 무라카미의 〈헛간을 태우다〉가 윌리엄 포크너의 단편소설과 같은 제목을 쓰고 있기 때문이었죠.

이창동　윌리엄 포크너의 단편소설이야말로 분노에 관한 이야기지요. 그러니까 사실 우리 영화는 무라카미의 단편소설을 원작으로 하고 있지만, 포크너의 세계와도 연결되어 있다고 할 수 있어요. 포크너의 소설은 삶의 고통과 그것에 대한 분노를 억제하지 못하는 남자, 그리고 그런 아버지를 대신해서 죄의식을 느끼는 한 아이의 이야기가 생생하게 그려져 있는 반면, 무라카미는 같은 제목으로 장난처럼 헛간을 태우는 남자에 대해 알쏭달쏭한 이야기를 들려주지요. 그러니 이야기를 들려주는 방식에 있어서 두 작가는 완전히 반대편에 있다고 볼 수 있어요. 또 포크너의 헛간은 분노의 대상인 현실 그 자체라면, 무라카미의 헛간은 어떤 실재하는 물체가 아니라 그저 메타포인 것 같기도 하고요.

오정미 우리 영화의 주인공인 종수는 그 메타포에 집착하고 있지요. 우리가 '버닝'에 대해 처음으로 이야기를 나눴던 날, 한 남자가 비닐하우스를 들여다보는 이미지를 얘기했던 게 기억나요. 한국에서는 헛간이 아니라 비닐하우스를 어디에서나 볼 수 있으니 자연스럽게 비닐하우스를 생각하게 되었죠. 투명하면서도 지저분한 비닐의 이미지. 그 비닐 너머 아무것도 없는 텅 빈 곳을 들여다본다는 것. 거기에 우리 영화만의 비밀이 숨어 있을 것 같았어요. 결국 원작의 나무 헛간과 달리 영화 속 비닐하우스는 그것 고유의 물질성을 갖게 되었죠.

이창동 메타포가 의미 또는 관념이라면, 영화의 낡은 비닐하우스는 의미와 관념을 넘어선 이미지 그 자체라고 할 수 있겠죠. 뭔가 형체를 가지고 있지만 투명하고, 그 속에는 아무것도 없는. 어떤 용도로 만들어졌지만 이제는 아무 쓸모도 없는 그 무엇. 의미와 관념으로 설명되지 않는다는 점에서 아주 영화적이지요. 비닐하우스 말고도 우리 영화에는 의미와 관념을 넘어선 것들이 곳곳에 있어요. 판토마임도 그렇고, 고양이도 그렇고, 물론 벤도 그렇지요. 과연 벤은 누구일까? 고양이는 실제로 있었을까? 해미의 우물 이야기는 진실일까? 눈에 보이지 않는다고 해서 실제로 존재하지 않는 것일까? 등등. 문자와 달리 영화 매체는 이미지를 전달하는데, 그 이미지라는 것은 그저 빛줄기가 스크린에 만들어낸 환영에 불과한 것이잖아요. 아무것도 없이 텅 빈 그것을 관객은 자기 나름의 의미와 관념을 부여하면서 자기 나름의 방식으로 받아들이지요. 나는 이 영화를 통해 영화 매체 자체에 대한 미스터리를 보여주고 싶었어요.

오정미　그런 영화 자체의 미스터리는 곧 우리 삶의 미스터리를 반영하는 것 같아요. 인간은 자기 앞에 무의미해 보이는 이 세계가 무엇을 의미하는지를 끊임없이 묻지만, 세계는 언제나 미스터리로 남아 있을 뿐이죠. 그럼에도 불구하고 어떤 인간은 삶의 의미를 구하는 걸 포기하지 않아요. 영화 속에서 해미가 '그레이트 헝거'의 춤을 추었던 것처럼요. 저는 취재할 때 책에서 읽었던 부시맨의 말을 아직도 종종 생각해요. 영화 속에 넣고 싶은 대사였지만 넣을 곳이 없었죠. "이 세상 모든 동물과 사물이 그레이트 헝거다. 저 밤하늘에 별들이 떨고 있는 것처럼 보이는 것은, 자신들의 빛이 언젠가 희미해지며 사라져버릴 것을 알기에 그레이트 헝거의 춤을 추고 있는 것이다. 그리고 이른 아침 풀잎에 맺혀 있는 물방울은 그 별들의 눈물이다." 인류의 조상 칼라하리 사막의 부시맨들은 밤새 춤을 추면서 삶의 의미를 구했죠. 물론 누군가 밤새 춤을 춘다고 해서 세상이 달라지지는 않아요. 그럼에도 불구하고 누군가 춤을 춘다는 데에서 어떤 희망 같은 게 느껴지죠. 영화를 만든다는 것도 '그레이트 헝거'의 춤을 추는 것과 같은 일 아닐까요?

현장 스틸

계획된 우연성과 준비된 즉흥성이 만날 때

해미는 아프리카에 대하여
리틀 헝거와 그레이트 헝거에 대하여
황혼에 대하여, 사라지는 것에 대하여

벤은 메타포에 대하여, 요리에 대하여
비닐하우스를 태우는 일에 대하여
해미에 대하여, 허무에 대하여

모두가
삶에 대한, 세상에 대한, 그들 자신에 대한,
자신의 생각을 말하는데

종수는 아직 아무 말도 하지 못한다.•

• 이하 텍스트는 오정미의 '작가 노트'에서 발췌한 것이다.

사람들은 종수가 어떤 소설을 쓰는지 궁금해하지만,
종수는 아직 무슨 말을 해야 할지 알지 못한다.

……그렇다면
해미는 우리 자신이다.

해미는 특별한데 평범해 보이기도 하는 게 아니라
평범하지만 유일한 한 사람이다.

벤. 그는 누구인가.
죽는 자는 누구인가.

삶에 권태와 허무를 느끼고,
심지어는 죽음조차도 기꺼이 받아들일 수 있다고 생각하고,
그나마 삶에서 가장 중요한 것은 아름다움이라는 생각을 갖고 있고,
어떻게 보면 현실적인 문제에서 나약하고 나이브한……

한두 마디로 규정되긴 어렵지만 낯익은 인물 아닌가.

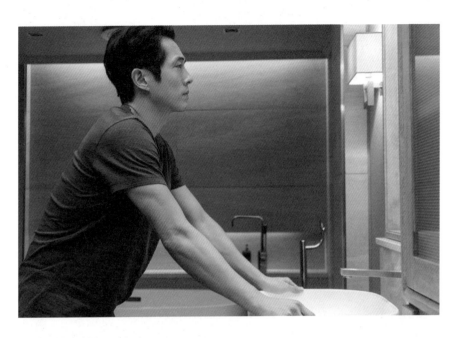

우리가 농담처럼 말해왔던,
그 눈이 내리기 시작했다.

희끗희끗 땅에 눈이 쌓이자
완전히 달라진 분위기

바람도 잔잔해
벤의 머리칼이 흘러내릴 때 좋았고,
두 배우의 얼굴색도 전날보다
훨씬 자연스러워 보였다.

4시부터 슛.
2 테이크 만에 OK.

종수가 살인 후
벗고 걸어가는 장면,
좋았음.

• 오정미의 촬영 일지 중에서

메타포의 그물로 건져 올린 상실의 시대

송경원

- 송경원은 영화 주간지 《씨네21》 기자이자 영화평론가이다. 2009년 '씨네21 영화평론상'을 수상하며 영화평론가로 데뷔했고 2012년 동국대 영상대학원 영화이론 박사과정을 수료했다. 지은 책으로 《격조의 예술가, 파격의 모험가》, 《프로듀서》, 《마음의 일렁임은 우리 안에 머물고》(이상 공저), 《이충호—만화웹툰작가평론선》이 있다.

- 이 평론은 유튜브 채널 '무비썸TV'에서 제작하고 송경원이 진행한 리뷰 영상을 바탕으로 새롭게 수정, 보완한 것이다. 관련 유튜브 영상은 QR코드(285쪽)를 통해서 볼 수 있다.

- 평론 뒤에 이어지는 인터뷰(281쪽)는 2018년 제71회 칸 국제영화제 현장에서 이루어졌으며, 《씨네21》(1157호)에 게재되었던 것을 일부 수정해 재수록한 것이다.

2018년 제71회 칸 국제영화제에서 '버닝'이 처음 공개되었을 때 현지 분위기는 전례 없이 열광적이었다. 《스크린데일리》는 역대 최고 평점(3.8)을 주었고, 다른 매체들도 폭발적으로 리뷰를 쏟아내며 더할 나위 없는 만족감(그리고 수상에 대한 기대감)을 드러냈다. 대표적인 예로 《가디언》은 "굉장히 미니멀리즘적인 서사이지만 무엇보다 긴장감이 최고조에 달하며, 모든 구성 요소가 빼어나다."라고 썼는데, 이는 그해 칸에서 공개된 영화 중 '버닝'의 '영화적 밀도'가 가장 높았음을 반증하는 것이었다.

다만 이런 열광적 평가와 달리 '버닝'은 실제 수상 결과로 이어지지 않았다. 현지에서는 이에 대한 여러 비판이 있었지만, 여기서는 그해 칸 영화제가 "정치적 선택 때문에 미학적 성취나 가능성이 상대적으로 밀려났다."라며 아쉬움을 표현한 《리베라시옹》의 비판으로 대신하려 한다. 본래 수상과 작품성이 반드시 일치하는 것은 아니다.

나는 칸 현지에서 '버닝'을 보자마자 완전히 매혹됐다. 영화를 보면서 시작된 두근거림은 영화가 끝난 뒤에도 계속되었고, 완전히 빠져든 기분이었다. 그것은 영화의 빈틈없는 미스터리 구조 때문이기도 하지만, 이창동 감독의 다른 영화들과 달리 '버닝'에는 관객을 빨아들이는 힘이 굉장하다고 느꼈기 때문이기도 하다. 그런데 시간이 지날수록 이런 일차적인 반응을 뒤로하고 약간의 앙금 같은 것들이 생기기 시작했다. 그 앙금을 해결하지 못한 상태에서는 '버닝'에 대해 온전한 애정 고백을 할 수 없을 것 같았다. 이 글에서 나는 '버닝'에서 해소/해석되지 못한 채 가라앉아 있던 부분들을 되짚어보고, 영화에 접근하는 또 하나의 통로를 제시하고자 한다.

'버닝'은 무라카미 하루키의 단편소설 〈헛간을 태우다〉를 각색한 영화이지만, 그것이 취하고 있는 미스터리 스릴러의 골격은 퍼트리샤 하이스미스(Patricia Highsmith)나 루스 렌들(Ruth Rendell)의 소설과 좀 더 가깝게 느껴진다. 사실 〈헛간을 태우다〉도 윌리엄 포크너(William Faulkner)의 단편소설 〈헛간 방화(Barn Burning)〉를 모티프로 삼은 소설이다(제목도 그대로 가져왔다). 포크너의 소설이 하늘까지 치솟는 불길의 장려한 배덕감(부도덕한 일을 저질렀을 때 느껴지는 쾌감)을 그려냈다면, '버닝'의 원작인 무라카미 하루키의 소설 〈헛간을 태우다〉는 좀 더 음산하고 축축한 정서에 휩싸여 있다. 이창동 감독의 비전은 또 다르다. 이창동의 '버닝'은 뼛속으로부터 울려오는 긴장감의 공기를 골자로 한다. 영화 전반에 깔린 낮은 고동을 축으로 밀도 있고 날카로운 드라마가 생성되는 영화라고 해도 좋겠다. 여기서 드라마는 목적이라기보다는 파생된 결과물, 혹은 현상에 가깝다. 약간의 과장을 보태자면 '버닝'에서 드라마는 관객을 현혹시키는 신기루처럼 다가온다.

'버닝'은 죄악감을 불태우는 이야기다. 중요한 점은 그것을 결과로서 특정하지 않기 때문에 다양한 반응을 이끌어낸다는 점이다. 인간의 죄의식에 대한 질문을 꾸준히 던져온 이창동 감독이 이 원작에 끌릴 수밖에 없었던 이유도 여기 있다. '버닝'은 이창동 감독의 전작들과 유사하게 죄의식의 형상을 더듬지만 윤리와 도덕을 소재로 한 직접적인 드라마와는 거리가 멀다. 죄의식 주체의 내면을 직접 파고드는 대신 죄의식을 둘러싼 상황과 풍경, 비유하자면 퍼져 나가는 파장을 민감하게 포착하는 쪽에 가깝다. 미니멀한 스토리지만 믿을 수 없을 정도로 밀도 높은 장면들로 채워져 있으며 각 장면마다 상징적인 요소들이 꼬리를 물고 이어져 메타포의 그물을 형성한다. 특히 음악과 사운드의 조율이 실로 탁월하다.

다만 여기서 중요한 것은 '버닝'에 박아놓은 메타포들의 의미나 지점들이 확정적이지 않다는 사실이다. 설사 감독의 견해가 있다고 할지라도 이창동 감독은 최선을 다해 그것을 은폐한다.

예를 들어 햇빛이 들지 않는 방은 해미가 사회적으로 빛이 들지 않는 상황에 처해 있고 소외된 인물이라는 것을 보여주는 일차적 접근일 수 있다. 그 방에는 하루 중 아주 잠깐 남산 타워에 비친 햇빛이 들어온다. 종수가 해미와 처음 섹스를 할 때 카메라는 두 남녀의 행위를 보여주는 게 아니라 종수가 그 햇빛을 음시하고 있는 장면을 꽤 길게 보여준다. 햇빛을 본다는 것은 무엇을 상징하는가? 일견 아무런 희망이 없는 답답한 상황에 처한 인물에게도 일말의 햇빛이 허락된다고 볼 수 있지만, 또 다른 한편으론(어쩌면 동시에) 그렇게 허락된 찰나의 햇빛마저도 사실은 진짜 햇빛이 아니라 어딘가에 비친 환상이라고 볼 수 있을 것이다.

여기서 중요한 것은 서사가 하나의 방향으로 결정되지 않았다는 사실, 그 자체다. 만일 우리가 어떤 하나의 방향을 정해서 나아가기 시작하면(메타포의 의미를 확정적으로 해석하기 시작하면) 아귀가 맞지 않는 부분들이 나오고, 누군가는 그 해석에 불쾌감을 느낄 수도 있다. '버닝'은 주제적으로 그와 같은 질문을 던지는 영화와는 다소 결이 다르다. 이것은 애초에 결정되어 있지 않은 상황들에 대한 혼란스러운 탐색이다. 그런 의미에서 이 글 또한 하나의 관점에서 출발한 단편적인 견해에 불과하며, 이와 별개로 영화는 얼마든지 전혀 다르게 읽힐 가능성이 열려 있음을 전제해두고자 한다.

"여기에 없다는 것을 잊어버린다는 것. 그런데 잊어버리는 것을 할 수 없다는 것." '버닝' 속 메타포가 서로 얽히고설키는 과정은 이 한 문장으로 압축 가능하다. 대개 서사 영화는 미스터리와 서스펜스, 두 개의 바퀴로 굴러간다. 그런데 '버닝'의 미스터리는 조금 결이 다르다. 우리가 흔히 말하는 미스터리 장르를 '퍼즐 조각 맞추기'에 비유할 수 있다. 하지만 '버닝'

버닝 각본집

에서의 미스터리는 퍼즐 조각이 아예 없을뿐더러 아무도 찾을 수 없다. 긍정적인 의미에서 이 영화에 대한 해석은 무한대로 열려 있다. 부정적인 의미에서 보자면 '버닝'의 드라마에는 실체가 없다. 아니, 애초에 실체를 얘기할 마음이 없었던 영화다. 결과적으로 알맹이가 없는 것과 처음부터 알맹이를 감추는 것 사이에는 메울 수 없는 간극이 존재한다. '버닝'은 어디까지나 알맹이를 관객의 시야로부터 사라지게 만드는 쪽의 영화다.

물론 감독의 비전은 존재할 것이다. 다만 알맹이를 사라지도록 만든다는 선택, 그럼에도 거기에 무언가가 있었다는 존재감을 지우지 않는 것, 공백의 존재를 인지시키는 것이야말로 '버닝'의 기묘한 울림을 만들어내는 핵심 원리다. 다시 말해 '버닝' 속 미스터리는 빈칸이 아니라 불투명한 무언가로 가득 채워진, 불가해한 울림의 덩어리들이다.

해미는 종수와 처음 만난 날 술자리에서 귤을 까 먹는 판토마임을 보여주며 말한다. "여기에 귤이 '있다'고 생각하지 말고, 여기에 귤이 '없다'는 걸 잊어먹으면 돼. 그뿐이야. 중요한 건, 진짜 먹고 싶다고 생각하는 거야." 그 후 영화는 이 화두를 반복, 변주해 보여준다. 가령 해미가 돌봐달라고 부탁했던 고양이는 종수 앞에 한 번도 모습을 드러내지 않는다. 사료가 없어지고 배변통에 흔적이 남는 등의 증거를 통해 고양이가 '있다'는 합리적 추론은 가능하지만, 실제로 고양이가 있는지 없는지는 모르는 상태다. 종수가 해미의 방에서 하는 자위행위(상대가 없다는 것을 잊어버리고 혼자서 섹스를 하는 행위)도 이 영화의 중요한 키워드 중 하나인 '없다는 것을 잊어버리는 행위'에 다름 아니다.

해미가 어린 시절에 빠진 적이 있다고 고백한 우물 이야기는 사실일 수도 있고 거짓일 수도 있다. 해미의 엄마와 언니, 마을 이장은 우물의 존재를 모른다고 증언한다. 그들은 없음을 확신하는 것일까, 있는지 없는지 모르는 것일까. 후반부에서 종수의 엄마는 마을에 마른 우물이 있었다고 기억한다. 엄마의 증언은 진실일까 거짓일까.

사실 영화 속에서 우물의 존재를 증명할 수 있는 물리적인 증거는 아무것도 제시되지 않는다. 반대로 거기에 우물이 없었다는 증거도 제시되지 않는다. 대개 미스터리 영화에서의 모호함은 마지막 퍼즐 조각을 맞추는 것으로 해소된다. 하지만 '버닝'은 퍼즐 찾기 자체를 거부한다. 비유하자면 이 영화는 완성되기를 바라지 않는 퍼즐이다. 이쯤 되면 우리에겐 거기에 우물이 있었는지 없었는지 중요치 않다. 그건 일종의 낚싯바늘에 불과하다. 핵심은 우물에 얽힌 기억을 통해 가시적인 것과 비가시적인 것들이 충돌하기 시작한다는 점이다.

또 다른 예를 들어보자. 종수가 벤의 집에서 해미의 손목시계(와 똑같은 시계)를 발견하고 난 다음, 즉 해미를 살해한 범인이 벤이라는 확신을 갖게 된 다음 장면에서 그는 해미의 방에 찾아가 남산타워를 바라보며 무언가를 쓰기 시작한다. 이 장면이 사실상의 엔딩에 해당한다면(나는 그렇게 생각한다), "어떤 소설을 써야 할지 잘 모르겠"다던 종수가《위대한 개츠비》식으로 성장하게 되는 것으로 이해될 수도 있다. 아니면 정반대로 극도의 허무 상태에 빠지게 되는 것이라는 해석도 가능하다. 그러나 우리는 이 엔딩에 대해 아무런 판단을 할 수 없다. 종수가 쓰는 소설이 '어떤' 소설인지 아무도 확인할 수 없기 때문이다. 아마도 이창동 감독의 머릿속에는 어떤 형태가 있었을지도 모른다. 그러나 감독은 끝내 그걸 속으로 삼키고, 영화에 어떤 흔적도 남기지 않았다.

거대한 빈칸. 혹은 영원히 펼쳐지지 않을 노트. 이 관점을 서사 전체로 확장시켜보면, 이 영화의 모든 결정적이고 핵심적인 키워드는 '아무도 모른다'는 것이다. 다시 말하자면, '버닝'에서 핵심은 항상 부재(不在)한다.

'버닝'은 메타포로 엮어낸 거대한 그물이다. 그런데 이 그물은 매우 성겨서 많은 것들이 그냥 스쳐 지나간다. 그물로 무언가를 잡으려 하는데, 마치 허공에 휘젓는 것처럼 통과해버리는 상태. 그 허우적거림이야 말로 '버닝'을 불타오르게 만드는 동력이다. 모호함에 매혹된 상태 그 자체라 불러도 좋겠다. 나는 이것이야말로 '버닝'이 이창동 감독의 전작들과 가장 많이 달라진 지점이라 생각한다. '버닝' 이전 이창동의 영화들은 세계를 단단하게 짜인 인과론적 서사로 표현했다. 창작자의 머릿속에서 완벽하게 짜인 채로 존재하는 세계에서 제시된 상징과 메타포는 어느 정도 일정한 방향으로 해석된다. 굳이 따지자면, 소설에 해당하는 이야기가 존재하고, 그 소설을 영화화한 어떤 영상이 있다. 소설가 이창동이 창조해낸 그 세계를 감독 이창동은 어떤 부분은 보여주고, 어떤 부분은 은폐시키면서 영상으로 옮겨왔다. 그러나 '버닝'은 다소 결이 다르다. 이창동 감독은 이번엔 서사와 장면 사이의 연결 구조(혹은 경계)를 최대한 흐리고 싶었던 것 같다. 그는 아무것도 확정짓지 않은 채로 미스터리 장르라는 외피를 영화 전체에 또 하나의 형식으로서 확장시킨다.

경계를 흐리려는 감독의 의도는 영화 속 가장 아름답고 중요한 장면들에서 드러난다. 해질녘 아름다운 노을 앞에서 춤을 추는 해미, 어스름이 짙어갈 때 자신의 은밀한 비밀을 털어놓는 벤, 새벽안개 사이에서 달리는 종수는 그 전후 장면들과는 전혀 다른 톤으로 찍혀 있다.

그들은 그 장면 속에서 이쪽이기도 하고 저쪽이기도 하며, 보이기도 하고 보이지 않기도 하며, 실체를 명확하게 분간할 수 없는 시간대에 놓여 있는 듯 보인다. 이것은 영화적으로 현실과 초현실의 경계에 머무는 것을 허락받은 장면들이다. 감독의 말을 빌리면, 찍힌 순간들을 붙잡음으로써 우연성을 반영하고 싶었던 장면들인 셈이다.

버닝 각본집

사실 감독 이창동에게 카메라가 무언가를 포착하는 우연, 혹은 어떤 순간이 찾아올 때까지 기다리는 행위는 다소 낯설다. 그는 날씨, 상황 등 끊임없이 침범해 들어오는 외부 조건들에 영향을 받는 종류의 감독이 아니다. 이를테면 (영화에서의 우연성을 말할 때 이런 관점이 위험할 수도 있다는 점을 전제로) 홍상수의 우연성은 현장에서 시나리오가 바뀌고 그날의 날씨와 감흥에 따라 찍는 방식이 달라지며 정해져 있는 결말도 없다. 반면 이창동은 우연성마저도 정교하게 구축된 서사 구조 안에서 포착되도록 판을 짠다. 나는 '버닝'이라는 세계도 완벽하게 짜인 서사 구조를 지녔으며, 다만 그것을 다 보여주지 않은 것이라고 생각할 뿐이다. 퍼즐 조각을 자신의 호주머니 속에 숨겨놓은 채로 말이다.

노을 속에서 춤추는 해미의 모습을 찍을 때 이창동 감독은 우연한 순간들을 찍는다고 말한다. 노을에 허락된 춤은 그냥 자연스럽게 발현되는 몸짓에 가까운 그 자체의 증거로서 춤이어야 한다. 하지만 해미의 춤이 진정 그러한가. 사실 감독으로서 이창동에겐 언제나 정해진 답이 있었다. 그는 어디까지나 자신이 추구하는 목표치에 가장 근접하는 이미지를 포착해왔다. '버닝'도, 노을 속 해미의 춤도 크게 다르지 않다. 이런 종류의 우연을 우리는 과연 여전히 우연이라고 할 수 있을까. 그런 리액션을 '노을'에 순수하게 반응한 동작이라고 부를 수 있을까. 냉정히 생각해보면 이창동 감독에게 우연이란 없다. 그저 통제된 상태에서 우연의 가면을 쓴, 정확히 의도된 이미지가 있을 뿐이다.

같은 맥락에서 '버닝' 속의 모든 상황과 관념적 메타포들에도 정해진 답이 있을 것이다. '버닝'이 표방하는 모호함은 진짜 모호한 상태에 대한 포착인가. 아니면 세계의 모호함을 흉내 내는 일종의 게임인가. 다시 한 장면을 예로 들어보자. 영화 초반부터 이미 종수는 결국 살인을 저지를 수밖에 없는 인물로 그려진다. 종수가 파주에 있는 아버지의 집에 갔을 때 허름한 창고에서 발견한 것은 다름 아닌 칼이다. 칼을 발견한 순간 그것은 누군가를 향해 휘둘러져야만 한다.

'버닝'은 칼이 휘둘러져야 한다는 결말을 정해놓고 그 과정들을 만들어나간다. 종수가 해미의 복수를 하기 위해서든 자신의 분노를 위해서든, 어떤 이유를 갖다 붙여도 상관이 없다. '버닝'의 결말은 캐릭터들이 빚어낸 내적 서사의 결과가 아니다. 이미 정해져 있는, 예정된 미래이며 창작자가 의도한 그림에 가깝다. 그리하여 우리는 정해진 결말을 암시하는 메타포와 마주치는 순간 다시금 의심하게 된다.

이 영화는 과연 세계와 영화의 관계 혹은 세계와 관객의 관계 사이에 존재하는 모호함, 미스터리들을 정말로 표현하고 싶었을까. 이창동 감독은 무엇을 말하고 싶었나. 어쩌면 감독의 의도를 추리하고 싶은 욕망에 사로잡히는 순간 우리는 벗어날 수 없는 덫에 빠진 건 아닐까.

'버닝'은 모든 사건의 연결 고리들에 대해 합리적으로 추측할 만한 개연성을 던져주는 정도에만 머문다. 확정할 수 있는 장면들, 가시적인 것들, 결정적 장면들은 모두 빼놓거나 감추거나 제거되어 있다.

해미는 정말 살해당한 것인가? 벤은 정말로 비닐하우스를 불태웠는가? 바로 '그' 장면을 보여주지 않았기에 관객은 짐작할 수 있을 뿐 아무것도 확신할 수 없다. 이창동 감독은 결정적인 퍼즐 조각을 빼놓고 호주머니 속에 감춤으로써 가시적인 것과 비가시적인 것들이 계속 충돌을 일으킨다. 이창동 감독은 "여기에 없다는 것을 잊어버리라."고 요구하지만 바로 그러한 노골적인 의도 때문에 관객은 거기에 확인되지 않은, 영원히 확인할 수 없는 빈칸이 존재한다는 사실을 "잊을 수가 없다."

나는 '버닝' 앞에서 두 가지 상반된 감정을 동시에 품는다. 한쪽에는 상징과 메타포들을 하나씩 해석해나가는 작업에 몰입한 내가 있다. 이 의미심장한 작업은 마치 미지의 세계를 탐험하는 것과 같아 무척 즐겁고 두근거린다. 숨이 턱까지 차오르는 장면의 밀도, 정교한 미장센과 스며드는 음악 등 기술적인 완성도는 순식간에 마음을 빼앗는다.

또 다른 한쪽에는 이것이 진짜 모험이 아니라는 의심에 빠진 내가 있다. 상징과 이미지의 연결들, 매혹적인 빈틈, 보이지 않은 것들의 존재감, 보여주지 않았음에도 머릿속에서 사라지지 않았던 것들이 사실은 정교하게 짜인 트릭(게임 장치)이 아니었을까 하는 의심. 결국 이 모든 것이 이창동 감독이 창조한 거대한 유리 정원에 불과한 것이 아닌가 하는 의심. 처음엔 작았던 얼룩은 지우려고 할수록 점점 번져 걷잡을 수 없이 존재감을 키워간다. 마치 모습을 감춘 해미의 고양이처럼. 혼란은 계속되지만 상관없다. 어쩌면 '버닝'의 성취는 바로 이러한 혼란에 있을지도 모른다.

'버닝'은 스크린 너머에 무언가가 존재한다는 인식을 물질화시킨 영화다. 누군가는 보이지 않는 그 불투명함에 불편함을 느끼고, 누군가는 메타포의 바다에서 허우적거릴 것이다. 당신이 어떤 선택을 하건 중요치 않다. 한번 발을 들인 순간 이 거대한 메타포의 성긴 그물은 어느새 당신을 옭아맨다. 그물이 성길수록, 의미가 지워져 있을수록 좋다. 본래 상실의 시대에는 빈칸의 존재감이 더욱 매혹적으로 느껴지는 법이다. 어쩌면 이 성긴 메타포의 그물에 기꺼이 몸을 던진 채 스스로 옭아매는 관객(나)의 몸부림이야말로 상실의 시대가 남긴 흔적 그 자체다.

한때 모두를 설득시켰던 거대한 의미는 어느새 휘발되었고, 우리는 각자 보고자 하는 것만 보는 좁은 세상 속에 갇혔다. 무라카미 하루키가 써내려갔던 시절과는 또 다른 상실의 시대 한가운데에서 이창동 감독의 '버닝'은 '부재의 존재 증명'을 통해 시대의 초상을 정확히 포착한다.

— 이창동 감독과의 인터뷰 (2018년 제71회 칸 국제영화제)

송경원　안팎으로 반응이 뜨겁다. 칸 현지에서는 호평 일색의 리뷰들이 쏟아졌다.

이창동　아직 하나도 못 봤다. 칸 반응이 좋다고 주변에서 간간이 이야기해주긴 하는데 현장의 온도를 정확히 알긴 어렵다. 기대 이상이란 생각이 들긴 한다. 왜 이렇게 좋아하지? 하는 궁금증이 든다. 이 영화에 대해 무엇을 이해할 수 있을지 나도 확신할 수 없기 때문이다. 한편으론 순수하게 영화를 받아들이고 있다는 느낌은 든다. 영화 매체의 순수한 성질로 말을 걸고 싶었는데 그런 부분이 전달된 것 같아 다행스럽다.

송경원　해외 리뷰 중에는 유독 '영화적인 영화'라는 상찬이 많았다. 감독님이 생각하는 영화적인 것이란 무엇인지 구체적으로 설명할 수 있을까.

이창동　'버닝'은 한 여자의 실종에 대한 이야기를 정체불명의 남자를 중심에 놓고 미스터리로 풀어가는 영화다. 미스터리를 다른 층위의 미스터리들과 연결시킨다. 그 마지막 어디쯤에선 소설이 세상에서 무엇을 하는지, 할 수 있는지에 대해 질문하고 싶었다. 소설을 예술 또는 영화로 바꿀 수도 있을 거다. 그 본질들을 묻고 싶었다. 굳이 영화의 순수함을 묻는다면 영화는 비어 있는 것이다. 마치 비닐하우스가 비어 있듯이. 형체를 가지고 있는 것 같지만 들여다보면 아무것도 없다. 그럼에도 관객은 그걸 받아들이고 의미를 부여하고 심지어 그걸 믿기도 한다. 영화(혹은 이야기)가 과연 무엇인지, 세상과 어떤 관계가 있는지, 진짜 미스터리는 거기에 있다.

송경원　　작가 지망생이었던 종수가 결국 소설을 쓰기 시작하는 장면은 매우 상징적이다.

이창동　　세상을 보며 이야기를 찾으려는 욕망에 빠지는 게 작가의 숙명이다. 그건 감독으로서 나의 숙명이기도 하다. 재미를 중심으로 영화를 찍는 감독도 있겠지만 나의 출발은 항상 세상에 대한, 세상을 향한 고민의 결과다. 이 영화는 종수가 무슨 소설을 쓸까 하는 질문에서 벗어날 수 없다. 다른 말로 하면 이 시대의 이야기는 무슨 이야기를 해야 하나로 연결된다. 그렇다면 영화는? 영화는 무얼 하고 있을까. 종수는 주인이 부재하는 방, 창문 너머 남산타워가 보이는 방, 햇볕도 들지 않는 방에서 세상과 연결되어 있다. 하지만 그에 대한 해석을 구체적으로 하고 싶진 않다. 내 견해가 정답도 아니다. 그런 건 없다. 오직 관객이 이 장면들에서 각자의 감각을 일깨우길 바란다. 긍정이든 부정이든 상관없다. 영화는 그저 하나의 촉매다. 낯설 수도 있고, 불편할 수도 있고. 다양한 방식의 반응들이 나올 거라고 예상했다.

송경원　　배우들에게 캐릭터에 대한 구체적인 설명이 없었다고 들었다.

이창동　　배우들에 대한 연기 연출 방식은 처음부터 그랬고 지금도 그렇다. 나는 배우들에게 분명한 해석과 표현을 바라지 않는다. 캐릭터를 정의하거나 설명하지도 않는다. 어떤 경우는 자세한 장면들을 만들어갈 수도 있지만 보통은 가능하면 열어두려고 한다. 무언가를 표현하는 걸 업으로 삼는 배우들에겐 그게 힘들 수도 있을 것이다.

송경원　　이제껏 찍은 영화 중 사운드가 가장 적극적이다. 마치 하나의 캐릭터처럼 기능한다.

이창동　　그동안 철저히 음악을 절제하는 쪽이었다. 음악은 서사 바깥에 있는 소리이고 나의 영화적 방식은 아니다.

이번에는 그 또한 영화라고 접근했다. 다만 감정이나 서스펜스를 강화하는 사운드는 원치 않았다. 원래 음악이 그 자리에 있었던 것처럼 음악 그 자체의 독자성을 원했다. 모그 음악감독에겐 화두만 던졌다. 예를 들면 공허함, 노이즈와 음악 사이의 어떤 상태 등등. 캐릭터에 따라 음악의 색도 다르다. 가령 벤의 공간에는 카페 음악이나 방에 틀어둔 앨범처럼 내재음이 계속 나온다. 반면 종수의 공간에서는 음악이 화면 밖에 있다. 심리의 반영이라고 볼 수도 있을 거다.

송경원　　장르 영화, 특히 미스터리 스릴러의 공식과는 다르다. 갑자기 노을을 바라본다든지 바람에 흔들리는 나무를 응시하는 식으로 종종 카메라가 살아 있는 것처럼 고개를 돌린다.

이창동　　나는 영화의 즉흥성을 건져 내기 위해 항상 애써왔다. 영화는 감독이 신처럼 창조해서 만들어내는 게 아니다. 눈앞의 현실, 혹은 세상의 모습을 우연히 포착하는 거다. 여기에 커다란 모순이 있다. 영화는 서사이기 때문이다. 그 안에서 즉흥성을 찾는다는 건 충돌하는 행위다. 힘들다. 그 힘겨움 속에서 불꽃을 찾아가는 게 영화 만드는 작업이라고 생각한다. '버닝'은 미스터리이기 때문에 그 즉흥성이 한층 중요했다. 각각의 요소들이 우연히 그 자리에 있는 것처럼, 그

것 자체가 긴장을 만들고 영화 속에 들어와 다른 느낌을 만들
어내길 원했다. 사건과 관계없는 새벽하늘, 종수의 달리는 모
습, 현실 공간을 보여주는 장면들이 그렇다. 거기서 피어나는
긴장에 관객이 반응하는 걸 직접 눈으로 목격한 것이 올해 칸
의 가장 보람된 순간이었다.

버닝 BURNING,
메타포의 그물로 건져 올린 상실의 시대
유튜브 무비썸TV

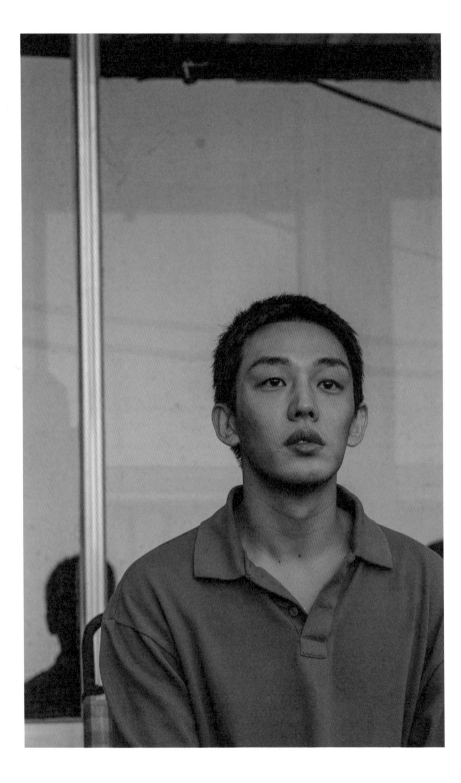

"아버지, 내가 불타고 있는 것이 안 보이시나요?"

김홍중

• 김홍중은 서울대 사회학과를 졸업하고 파리사회과학고등연구원(EHESS)에서 박사학
위를 받았다. 현재 서울대 사회학과 교수로 재직 중이다. 전공 분야는 사회이론과 문화
사회학이다. 지은 책으로 《은둔기계》, 《사회학적 파상력》, 《마음의 사회학》 등이 있다.
• 이 글은 《은둔기계》(문학동네, 2020)에 〈버닝〉이라는 제목으로 수록되어 있다. 이 책에
서는 제목을 새로 붙였다.

1994년에 듀스가 발표한 뮤직비디오 '여름 안에서'.

파도가 밀려오는 해변에서 힙합 댄스를 추는 남성들. 해풍에 나풀대는 바지와 하얀 셔츠의 나부낌. 유사 동성애적 순수의 세계. 무게도 억압도 없는, 작열하는 광선으로 충만한 해변. 사방에서 난입된 빛의 눈부심. 지상에 불시착한 일군의 천사나 유령, 혹은 기화 직전의 사물을 닮은 신체들.

한 해가 지난 후 김성재의 갑작스런 죽음이 거기 영원성의 노스탤지어를 새겨놓게 될 저 빛의 박동들은 당대 청춘의 몽상적 표현물이다.

영화에서 사물들이 내뿜는 빛은 몽환성의 기호다. 스크린에 아롱거리는 눈부심은 재현된 세계가 판타스마고리아(환등상; Phantasmagoria)라는 사실을 지시한다. 로버트 레드포드 주연의 '위대한 개츠비'(1974)에서 은제 식기, 샹들리에, 가구, 의상들, 자동차 표면의 번쩍거림, 심지어 공허하지만 집요한 허영의 광채를 품은 데이지(미아 패로 분)의 눈동자는 모두 휘황한 빛에 휘감겨 있다. 모든 것의 배후에는 속절없이 부패해가는 인간 군상이 있다.

이창동의 '버닝'(2018)은 빛이 잦아들어간 어스름을 사는, 우리 시대 청년을 그린다. 화면은 빛에 인색하다. 다수의 장면이 해가 뜨거나 질 무렵에 촬영되었다. 석양이 비춰질 때, 세상은 불타고 남은 잔재처럼 보인다. 어둠이 오기 직전 수상한 빛의 잔상들이 스크린을 떠돈다. 주인공들의 집 또한 어둡다. 해미의 실종 이후 종수가 박명의 파주를 마취된 듯 달려가는 동안, 그는 산소가 부족한 물고기처럼 입을 벌리고 헐떡거리며, 불타는 비닐하우스가 뿜어내는 상상 속의 빛에 주린 자의 모습으로 나타난다. 빛의 결핍의 정점에는 해미의 방이 있다. 그 북향 옥탑방에는, 남산 전망대 유리창에 반사된 한 줌의 햇빛이, 하루에 한 번 인색하게 비춰 들어온다. 종수는 해미와 정사를 나누다 벽에 희미하게 아롱거리는 그 빛을 응시한다. 신기루 같은 짧은 조명에 손을 뻗는 종수의 얼굴을, 카메라는 클로즈업한다.

"영혼의 '자연스러운' 모든 움직임은 물리적 중력의 법칙과 유사한 법칙들에 의해 지배된다. 오직 은총만이 그 예외다. 초자연적인 것의 개입을 제외하면, 일들은 중력에 부합하여 전개된다고 기대해야 한다. 두 힘이 우주를 지배하고 있는 것이다. 빛과 중력."[1]

'버닝'의 청년을 지배하는 것은 부모로부터 상속받은 문제의 중력이다. 종수는 아버지의 무게를 고스란히 짊어지고 있다.

해외에 파견되었던 노동자로 제법 돈을 모아 돌아온 부친은 공무원 폭행과 공무집행 방해로 체포되어 재판을 받고 있다. 고향에서 축산업을 하며 몰락해간 그의 아버지는 분노 조절 장애를 앓고 있으며, 어머니는 집을 떠났다. 종수는 아버지의 빈자리를 지키고 송아지를 돌보기 위해 파주 집으로 내려가 있던 참이다. 거기서 동네 사람들에게 탄원서 서명도 받으러 다닌다. 종수에게 아버지는 자신을 짓누르는 문제의 이름이다.

행사장에서 춤추며 아르바이트를 하는 해미는 빚에 시달린다. 해미에게는 친구도, 돈도, 가족도 없다. 해미에게는 모든 것이 문제이기 때문에 어떤 것도 진정한 문제가 아니다.

벤의 가족은 강남 대형 교회를 다니며, 일요일 오후에는 화랑에서 그림을 보고, 고급 레스토랑에서 와인을 마신다. 벤은 가족에 동화되지 못한 채, 자신에게 결핍된 것에 대한 충동에 이끌려 떠돈다. 벤의 결핍은 결핍 그 자체이다. 즉 벤에게는 결핍이 없다는 사실이 결핍이다. 그래서 모든 것이 결핍인 해미를 만난다. 벤은 결핍의 부재, 부재의 부재라는 공백을 채우기 위해 강박적으로, 넘쳐나는 해미의 결핍을 수집한다. 벤은 결여를 욕망하면서 아래로 내려온다. 그가 욕망하는 아래는 존재의 충만을 위해 요구되는 부정성의 장소인데, 그의 아비투스(Habitus)가 이 결여를 견뎌내지 못할 때 그는 '하품'을 한다.

서바이벌리즘은 존재에 각인된 중력의 무늬다. 생존주의자는 중력의 힘에 굴복한 채, 중력에 대한 인정 속에서, 오직 은밀하게 불가능한 빛을 희망한다. 숨어서 은총을 희망한다. 중력에 충분히 짓눌려보지 않은 자들은 떠오를 수 있다는 착각에 사로잡힌다. 그것이 그들의 오만이며, 오만에 도사린 위험이다. 이들에게 상승은 주로 '사회적' 상승으로 상상된다. 그러나 사회적 상승이 곧 존재의 상승인 것은 아니다. 사회적 상승은 알코올에 의한 상승만큼이나 급작스런 추락으로 이어지는 경우가 많다.

술을 마실 때, 취기는 중력을 이긴 듯한 실감을 제공한다. 취하면 우리는 조금 떠오른다. 그 부력에 고양되어 용감해지고, 희망적이 되고, 무모해진다. 떠올랐기 때문이다. 사랑, 열광, 역사적 환호 속에서도 비슷한 체험을 한다. 하지만, 도취에서 깨어나는 순간 우리는 떠오른 만큼의 높이를 바닥에 돌려주어야 한다. 술에서 깨어나는 참담한 아침의 우울은, 취기속에서 존재가 허공에 떠 있을 때 가능한 것처럼 보였던 모든 것들이 땅으로 떨어져 부서지는 것을 바라보아야 하는 자의 곤혹이다. 우리는 작은 추락을 겪는다. 중력에 다시 지배당한채 바닥을 기어 바로 그 높이에서 바라보는 세계 앞에서 부끄러움을 느낀다.

서바이벌리즘은 '아래'의 간지(奸智)다. 그 신학적 상징이 뱀이다. 뱀은 중력에 가장 잘 적응한 포식자이다. 그러나 상처를 입은 채 온몸을 극단적으로 요동치며 꿈틀대는 뱀의 운동은, 무언가에 다친 채 발악하는 우리 자신의 이미지이기도 한 것이다. '박하사탕'으로부터 '시'에 이르기까지, 이창동 영화에 포착된 한국인의 심적 리얼리티는 상처 입은 뱀의 꿈틀거림과 같은 것이었다. 그의 영화는 가장 극렬한 방식으로 동시대인들의 정신의 요동을 표상해왔다. 그의 영화 속에서 우리는 은총을 갈망하는 인간의 절박한, 극대화된 운동성을 발견한다.

가령 '밀양'의 신애에게서 우리는 "반쯤 뭉개진 벌레처럼 바닥 위에서 버둥거리는"[2] 한 영혼을 읽고 끔찍해한다. 신애의 꿈틀거림은 은총의 갈구, 중력을 넘어서려는 발악이다. 마지막 장면에서, 그녀가 거울을 들고 마당에 나와 머리칼을 깎을 때, 카메라는 마당 구석에 내려 쪼이는 한 줄기 햇빛을 비춘다. 바닥에 떨어져 내리던 빛은, 우리의 기대와 희망을 거스르며 오는 '비밀스런 빛(密陽)'이다.

홍상수 영화에도 바닥을 기어 다니는 것들이 등장한다. '돼지가 우물에 빠진 날'에서 주인공은 화분 속의 벌레를 손가락으로 무심히 가로막는 장난을 한다. '잘 알지도 못하면서'에는 초록색 자벌레가 땅바닥을 열심히 기어간다.

'생활의 발견'에는 청평사의 설화가 소개된다. 신분을 뛰어넘는 욕망으로 억울하게 죽임을 당한 청년이 뱀으로 환생하여 사모하는 공주를 휘감지만, 결국 청평사 회전문에 가로막혀 다시 도망쳤다는 이야기. 주인공 경수가 선영의 집 앞에서 쏟아지는 비를 맞다가 천둥이 치는 어두운 골목을 빠져나갈 때(그때 경수의 얼굴은 얼마나 무서운가), 그는 설화 속의 뱀과 같은 위치에 선다. 홍상수에게도 인간은(혹은 남자는) 뱀이나 벌레다.

이창동이 벌레를 높은 곳에서 내려다봄으로써 관객을 위압한다면, 홍상수는 벌레들과 비슷한 높이에서 카메라를 돌린다. 벌레의 표정, 움직임, 속내가 인간화되고 희화화된다. 벌레들이 분주히 기어가는 모습, 그들의 얼굴을 바라보며 웃음을 터뜨린다.

종수, 해미, 벤은 전형적인 이창동의 주인공들이다. 이들 모두 '빛'을 향하고 있으며, 상승을 향한다. 그 빛은 글쓰기에서 올 수도 있고(종수), 칼라하리 사막의 석양에서 올 수도 있고(해미), 아니면 벤이 태운다는 비닐하우스의 불붙은 모습에서 올 수도 있다. 해미, 종수, 벤은 모두 친구가 없다. 벤의 사회성은 철저하게 전시적(展示的) 성격을 띤다. 그의 기묘한 웃음소리나, 내면을 드러내지 않는 가면 같은 얼굴, 나이스하면서도 차가운 목소리는, 그가 철저히 혼자임을 드러낸다. 종수나 해미도 친구가 없는 것은 마찬가지이다. 이들과 가장 친한 것은 동물이다. 해미가 고양이와 맺는 관계 그리고 종수가 송아지와 맺는 관계는 애정으로 충만해 있다.

'버닝'에 겹쳐 있는 하루키의 단편이나 포크너의 단편도 흥미로운 텍스트다. 이들은 '헛간 방화'라는 소재를 공유하지만 여러 점에서 많이 다르다. 이를테면, 하루키적 세계는 분화된 환경들로 파편화된 공간이다. 인물들의 만남은 우발성의 형식을 취한다. 하루키에게는 단일한 서사적 우주가 없다. 반면에 포크너적 세계(요크나파토파Yoknapatawpha)는 통일된 단일우주다. 차별이 있고 침묵이 있다면, 반항이 있고 절규가 있다. 가장 먼 거리에 있는 존재들도 일종의 원격 작용을 통하여 결합하고 만나며 이해하고 통찰한다.《팔월의 빛》에서 조 크리스마스가 조애나 버튼을 살해하고 집에 불을 지르는 것은 지극히 현실적인 사건이다. 우연성이 들어설 자리는 없다. 이에 비하면, 하루키의 〈헛간을 태우다〉의 인물들의 행위는 납득 불가능성에 사로잡혀 있다. 만남이나 행위는 우발적인데, 그것은 그 이유가 '미지'로 남아 있기 때문이다. '왜'는 대답되지 않는다. 인물들이 답을 주는 것도 아니며, 소설가도 답하지 않으며, 독자들도 답할 수 없다. 벤은 왜 비닐하우스를 불태우는가? 그가 태웠다는 헛간은 무엇인가? 그 너무나 가까운 곳에 있다는 헛간은 무엇인가?

벤   난 가끔 비닐하우스를 태워요.

종수   뭐라구요?

벤   가끔 비닐하우스를 태운다구요. 나는 비닐하우스를
        태우는 취미가 있어요. 들판에 버려진 낡은 비닐하우
        스 하나를 골라 태우는 거예요. 두 달에 한 번쯤? 그 정
        도 페이스가 제일 좋은 것 같아요, 나한테는.

종수   페이스요? 그러니까 남의 비닐하우스를 태운다는 건
        가요?

벤   당연히 남의 거죠. 말하자면 범죄 행위죠. 종수 씨와
        내가 이렇게 대마초 피우는 것처럼. 명백한 범죄 행위.
        그런데 아주 간단해 진짜. 석유를 뿌리고 성냥불만 던
        지면 끝. 다 타는 데까지 십 분도 안 걸려요. 마치 처음
        부터 존재하지 않았던 것처럼 사라지게 할 수 있어요.

종수   잡히면 어쩌려구?

벤   안 잡혀요, 절대. 한국 경찰이 그런 데 신경 안 쓰거든
        요. 한국에는요, 비닐하우스들이 진짜 많아요. 쓸모없
        고 지저분해서 눈에 거슬리는 비닐하우스들. 걔네들
        은 다 내가 태워주기를 기다리는 것 같아요. 그리고 난
        그 불타는 비닐하우스를 보면서 희열을 느끼는 거죠.
        그러면 여기서, 여기서 베이스가 느껴져요. 뼛속까지
        울리는 베이스.

종수   쓸모없고 불필요한 건지는 형이 판단하는 건가요?

벤   난 판단 같은 거 하지 않아요. 그냥 받아들이는 거지.
        그것들이 태워지길 기다리고 있다는 것을. 그건 비 같
        은 거예요. 비가 온다. 강이 넘치고 홍수가 나서 사람
        들이 떠내려간다. 흐흐흐. 비가 판단을 해? 거기에 옳
        고 그른 것은 없어요. 자연의 도덕만 있지. 자연의 도
        덕이란 동시 존재 같은 거예요. 난 여기에도 있고, 저
        기에도 있다. 난 파주에도 있고, 반포에도 있다. 서울
        에도 있고, 아프리카에도 있다. 그런 거. 그런 밸런스?

파주에서 대마초를 피우며 종수와 벤은 비교적 내밀한 이야
기를 주고받는다. 종수는 아버지에 대한 증오를 고백한다. 벤
은 종수의 고백에 대해 화답하듯이, 자신의 범죄적 취미를 이
야기한다.

벤이 비닐하우스를 태우는 것은 유용한 것의 가치를 무화시
키는, 그런 파괴가 아니다. 벤은 이미 가치가 파괴된 것을 파
괴한다. 있는 것을 사라지게 하는 것이 아니라, 없는 것을 없
게 만드는 것이다. 부재를 반복적으로 생산한다. 〈없음→없
음〉이다. 이는 해미가 실행하는 판토마임의 논리와 반대다.
"여기에 귤이 있다는 걸 생각하지 말고, 여기에 귤이 없다는
걸 잊어버리면 돼." 판토마임은 없는 것의 망각을 통해서 없
음을 있음으로 전환시킨다. 이것은 〈없음→있음〉이다. 벤이

방화를 통해 없는 것을 더욱 없게 하는 자라면, 해미는 없음에서 있음의 가상을 만들어낸다.

벤은 파괴자이지만 해미는 창조자이다. 벤이 요리를 즐기는 것은 무언가를 만들고, 그것을 먹어치우는 '제의적' 파괴를 향유하는 것이다. 해미는 반대로, '고양이'나 '우물'처럼 그 실존/부재를 쉽게 판별할 수 없는 대상들을 이야기 속에서 만들어낸다. 해미가 키운다는 고양이는 한 번도 모습을 드러내지 않았다. 종수는 고양이를 실제로 본 적이 없다. 그러나 고양이의 밥을 주러간다. 실제 존재하지 않을 수도 있는 고양이를 중심으로 새로운 관계가 형성된다. 해미는 이야기꾼이다. 해미는 허구의 세계를 연다. 파괴자 벤은 종수의 분노의 제물이 되어, 그의 손에 죽음으로써 '자기 파괴'를 완성한다. 해미 또한 스스로 사라지는데, 그 이후 종수는 해미를 집요하게 추적하기 시작한다.

해미는 없을 때 가장 강렬하게 있다. 해미의 존재의 강도는 부재의 정도에 비례한다. 행사장에서 춤추는 해미보다, 사라져 추적의 대상이 되는 해미가 더 많이, 더 강하게, 더 선명하게 존재한다.

해미에게 존재한다는 것은 없다는 것과 대립한다. 있는 것과 없는 것 사이에는 아무것도 없다. 그러나 벤에게 그것은 다소(多少)의 문제, 많아짐과 적어짐의 문제이다. 벤은 존재를 축적해나간다. 부재도 축적해나간다. 무(無)는 단순한 '없음'이 아니라, 더욱 없어질 수 있는 어떤 것이다. 벤의 욕망은 무의 끝을 향해 있다. "뼛속까지 울리는 베이스"의 더 많은 축적을 향한다. 이런 점에서, 벤은 식인증/우울증적이며, 수집가적이며, 근본적으로 자본주의적이다. 자본주의의 핵심에는 무제한적 축적 충동이 존재한다. 사회 시스템이기 이전에 자본주의는 마음의 시스템이며, 그 강박적 운동은 무한성을 향한다. 자본주의의 원형적 주체는 기업가가 아니라 사제, 연구자, 그리고 예술가이다. 도달될 수 없는 절대적 가치에 대한 욕망을 동력으로 삶을 이끄는 자들. 자본주의에 멜랑콜리가 내재되어 있는 것은 그 때문이다. 근대 이전에 자본주의는 수도원에 유폐되어 있었다. 수도사들은 이미 오래전부터 자본주의적으로 영혼의 경제를 운영해왔다. 근대 자본주의는 수도원이 온 세계로 확대된 형태에 다름 아닌 것이다. 없음과 있음 사이에 '더 많이 있음' 혹은 '더 많이 없음'의 점증적 가능성이 지배하는 공간, 그것이 자본주의적 삶의 공간이다. 삶(생명)의 의미는 존재의 강화, 확장, 팽창이다. 벤이 스스로의 도덕적 지평을 설정한 곳이 바로 거기이다. 자연철학적 원리가 지배하는 곳, 부정성이 존재하지 않는 곳이다.

이후 '버닝'은 다음과 같이 전개된다. 종수는 해미의 안위를 걱정하면서 벤을 의심하기 시작한다. 벤은 해미를 본 적이 없다고 단언한다. 종수는 벤을 미행하고 추적한다. 그러던 중 우연히 찾아간 벤의 집에서 종수는 결정적 단서들을 발견했다고 믿는다. 이를 바탕으로, 종수는 벤이 해미를 살해했다는 확신을 갖고 글을 쓰기 시작한다. 마침내 벤을 불러내어 칼로 찌르고 그를 태운 뒤 자신이 몰고 온 트럭을 타고 황망히 사라진다.

대마초를 피우던 밤, 종수는 불타는 비닐하우스에 서서히 다가가는 꿈을 꾼다. 벌거벗은 채 타오르는 불길 앞에 서 있다. 종수의 표정은 두려움과 희열, 파괴의 기쁨으로 기묘하게 어른거린다. 비닐하우스가 화염에 휩싸여 녹아 흘러내리면서, 악마적이기도 하고 동시에 해방적이기도 한 불길, 구조물의 붕괴가 느린 화면으로 전개되고 있다. 종수는 꿈속에서 어린 시절의 자신의 얼굴을 본다. 발가벗은 젖은 몸. 화마에 압도당한 채 매혹당한 채 정지해 있는 몸. 뼈대만 남기고 무너져 가던 그 비닐하우스는 무엇인가? 그것은 아버지인가, 어머니인가, 자신인가, 아니면 이 세계인가? 종수는 태우는 자인가, 아니면 불타는 자인가?

1999년 6월 30일 경기도 화성군 씨랜드 청소년수련원에서

화재 사고가 있었다. 모두 23명이 사망했는데 그중 19명은
캠프 놀이를 갔던 유치원생이었다. 이들은 대부분 1993년
혹은 1994년생이었다. 희생자들이 살아 있었다면 종수나 해
미의 나이였을 것이다.

'버닝'은 프로이트의《꿈의 해석》7장에 나오는 '불타는 아이'
를 생각하게 한다. 어떤 아버지가 병든 아이의 침상 옆에서 며
칠 밤낮을 뜬눈으로 지새웠다. 그는 아이가 죽은 다음 옆방으
로 가 휴식을 취하면서, 아이의 시신이 커다란 촛불들로 둘러
싸여 안치된 곳이 보이도록 방문을 열어놓는다. 한 노인이 그
곳을 지키라는 명령을 받고 시신 곁에 앉아 기도문을 중얼거
리고 있다. 아버지는 몇 시간 동안 잠을 잔 후, 아이가 침대 옆
에 서서 자신의 팔을 잡고 비난하듯이 속삭이는 꿈을 꾼다.
"아버지 내가 불타고 있는 것이 안 보이시나요?"[3]

---

1 Simone Weil, *La Pesanteur et la Grâce*, Plon, 1988, p. 41.
2 Simone Weil, *Pensées sans ordre concernant l'amour de Dieu*, Gallimard, 2013, p. 59.
3 지그문트 프로이트, 김인순 옮김,《꿈의 해석》, 열린책들, 1997, p. 593.

낯선 영화적 경험

앙투안 코폴라×이창동 대담

- 앙투안 코폴라(Antoine Coppola)는 프랑스의 영화 제작자 겸 감독, 교수이자 연구자이다. 엑상프로방스 대학교에서 영화 이론을 가르쳤고, 한국예술종합학교 예술대학 객원 교수를 거쳐 현재 성균관대학교 프랑스어문학과에서 영화를 가르치고 있다.
- 이 대담은 2019년 5월에 최초로 이루어졌다. 이 책에 실린 내용은 '버닝'에 관한 질문과 대답을 새롭게 추가하여 재구성한 것이며, 텍스트는 이창동 감독이 제공한 것이다.

코폴라　'버닝'은 '시' 이후로 8년 만의 영화입니다. 지난 8년을 어떻게 보내셨나요?

이창동　그동안 학교에서 학생들을 가르치고 젊은 감독들의 영화를 제작하기도 했지만, 나 자신의 영화는 만들지 못했어요. 어떤 영화를 해야 하나, 영화를 통해 나는 무슨 이야기를 해야 하나, 그런 고민을 하면서 시간을 보냈죠. 일종의 근본적인 고민이죠. 그동안 많은 프로젝트를 준비하고, 그중 세 편 정도는 시나리오를 완성하고 프리프로덕션에 들어가기도 했었지만, "이것을 내가 꼭 해야 하는가?"란 스스로의 질문에 확실한 대답을 할 수 없었기 때문에 결국 접고 말았어요. 나는 아무리 재미있는 이야기라도(남들이 보기에), 그것이 나 스스로에게 영화를 만들 만한 의미가 있다는 확신이 들지 않으면 시작할 수가 없어요. 그런 증세가 점점 심해져가는 것 같아요. 그럼 어떤 영화가 확신이 드는가? 그것을 논리적으로 설명할 수는 없어요. 그냥 내가 몸으로 느끼는, 설명할 수 없는 느낌에 가까워요. 어쩌면 이것은 그저 나만의 병적인 결벽증일 수도 있겠죠.

코폴라　준비했던 여러 프로젝트 중에서 사람들의 분노에 관한 이야기가 많았다고 들었습니다. 왜 분노에 관심을 가지게 되었나요?

낯선 영화적 경험

이창동　요즘 사람들은 세계 어디에서든 인종과 종교, 계급을 막론하고 분노하고 있는 것 같아요. 겉으로는 큰 전쟁도 없이 어쩌면 유례가 없을 정도의 긴 평화가 지속되고 있는데, 안으로는 분노가 만연해 있고 분노가 분노를 불러오고 있어요. 삶의 기반을 빼앗긴 중동 사람들의 분노가 난민을 만들어 내고, 그 난민들 때문에 위협을 느낀 유럽 사람들이 분노하는 식이지요. 정치가 그 분노를 이용하기도 하고요. 트럼프가 대통령이 된 것은 미국 백인 노동자들의 분노를 이용했기 때문이죠. 나는 특히 청년들의 분노가 문제라고 생각했어요. 내가 '버닝'을 만들어야겠다고 마음을 먹은 것은 이것이 청년의 분노에 관한 이야기이기 때문이었어요.

코폴라　'버닝'의 원작인 무라카미 하루키의 단편소설은 결말이 모호한 미스터리 구조로 되어 있습니다. 어떻게 이 이야기가 분노와 관련이 있다고 생각하게 되었나요?

이창동　무라카미 하루키의 단편소설 〈헛간을 태우다〉는 정체불명의 젊은 남자가 헛간을 과연 태웠을까 하는 작은 미스터리를 쫓아가는 이야기지요. 그리고 끝까지 미스터리가 밝혀지지 않고 모호한 결말로 끝납니다. 나는 결말을 알 수 없는 그 모호함이 오늘날 우리가 사는 이 세계와 우리 삶의 모호함과 연결될 수 있다고 생각했어요.

　　　　　　　　　　　　　　　　　　　버닝 각본집

세상은 점점 세련되어지고, 편리하고, 멋있어지지만 개인의 삶은 점점 왜소해지고, 보잘것없어집니다. 과거에는, 그러니까 내가 젊었을 시절에는 어떻게든 세상은 좋아지고, 역사는 앞으로 나아갈 것이라는 믿음이 있었어요. 그러나 오늘날의 청년들은 그런 믿음도, 희망도 갖지 못하고 있어요. 일자리는 구하기 힘들고, 집값은 오르고, 경제적 불평등은 점점 커져가고 있어요. 그런데 이상하게도 그런 불평등이 겉으로 보기에는 문제가 되지 않는 것처럼 보여요. 알바 하며 최저임금을 받으면서도 스타벅스에서 커피를 마시고, 나이키 운동화를 신지요. 모바일을 통해 어떤 정보든 어떤 콘텐츠든 접근할 수 있고, 어떤 게임도 할 수 있어요. 게임 속에서는 모두가 평등하죠. 그래서 현실의 불평등을 게임 속의 룰처럼 받아들이게 돼요. 불평등이 점점 세련되어 가는 거지요. 청년들은 뭔가 잘못되었다는 것을 알지만, 무엇을 어떻게 해야 할지, 싸워야 할 상대가 누구인지 몰라요. 그들에게 세계는 거대한 미스터리 같아요. 마치 이 영화 속의 벤이 연쇄 살인범인지 친절하고 마음씨 좋은 친구인지 구별이 안 되는 것처럼. 그래서 그들은 더욱 무력감을 느끼고 분노는 속에서 불타고 있지요.

사실은 이 단편소설을 영화로 만들어보자고 처음 제안한 사람은 지난 5년간 나와 함께 시나리오 작업을 해온 오정미 작가였습니다. 오정미는 '아무 쓸모도 없는 헛간(영화에서는 비닐하우스)'을 불태운다는 구절을 읽을 때 분노를 느꼈다고 했어요. 아무 쓸모도 없는 것이 헛간이 아니라 사람이라면? 누군가를 아무 쓸모도 없다고 판정하고 없앨 수 있다는 발상 그 자체가 무섭고 화가 난다는 것이었어요. 그녀는 그 '쓸모없는 존재'에 감정 이입이 된 거죠. 청년들은 자신이 '쓸모없다'는 판정을 받는 것을 두려워해요. 그래서 경쟁 사회라는 거대한 컨베이어 벨트 위에서 그들은 쉬지 않고 달려야만 해요.

코폴라   '버닝'은 무라카미 작품의 플롯을 바탕으로 하고 있지만, 윌리엄 포크너의 세계와도 연결되어 있는 것 같습니다.

이창동   오정미 작가와 나는 무라카미의 단편소설에 대해 리서치하는 과정에서 아주 흥미로운 사실을 발견하게 되었어요. 이 작품이 번역되어 《뉴요커》에 실렸을 때 영어 제목이 포크너의 단편소설 제목과 똑같은 〈Barn Burning〉이었다는 사실이었지요. 포크너의 '헛간 태우기(Barn Burning)'는 가족을 마차에 태우고 일 년마다 농장을 옮겨다니며 일하는 미국 남부의 어느 소작농에 관한 이야기인데, 이 남자는 억울한 일을 당할 때마다 그 농장의 헛간에 몰래 불을 지르지요. 이 야기의 화자는 아버지의 방화를 알고 있는 그의 어린 아들이고요. 결국 죄의식을 느낀 아이는 아버지의 범행을 농장주에게 미리 알리고 결국 그 아버지는 불을 지르려다 총을 맞는다는 비극적 결말의 이야기예요. 완전히 다른 이야기가 같은 제목으로 쓰인 것이죠. 무라카미 본인은 순전히 우연이었다고 했지만, 두 작품 사이에 우연을 넘어선 인과관계가 있다는 단서를 일부러 흘려놓았다는 의심을 지울 수 없었어요. 처음 일본에서 발표된 작품에서는 화자가 아프리카 여행에서 돌아온 여자를 마중하러 나갔다가 공항 커피숍에서 비행기를 기다리며 포크너의 책을 읽었다고 되어 있거든요.《뉴요커》이후에 출간된 책에서는 포크너의 책이 잡지로 바뀌었지만요.

왜 하필 무라카미는 포크너와 똑같은 제목으로 완전히 다른 이야기를 썼을까요? 나는 그것이 무라카미의 일종의 '자기 선언'이라고 생각했어요. 아시다시피 포크너는 미시시피강 주변에 사는 가난한 민중들의 고통스러운 삶을 소설로 썼어요. 그는 노벨상 수상 연설에서 끝까지 고통을 견디는 사람들의 영혼에 대해 쓰는 것이 작가의 의무라고 말했지요. 그것이 지금까지의 정통적인 문학관이라 할 수 있고, 포크너는 그런 문학의 가장 높은 자리에 있는 작가지요. 그러나 무라카미는 다른 방식으로 글을 씁니다. 그는 현실의 중력을 벗어나 한계가 없는 가벼운 상상력으로 현실과 환상을 넘나들지요. 그런 점이 현재 동서양을 막론하고 대중을 사로잡는 작가로서 그의 힘인 것 같아요.

이야기를 들려주는 방식에 있어서 두 작가는 완전히 반대편에 있어요. 포크너의 헛간이 삶의 고통을 안겨주는 분노의 대상이라면, 무라카미의 헛간은 괴이한 취미의 대상이죠. 어쩌면 실재하는 물체가 아니라 그저 가벼운 상상력의 산물이거나 메타포인지도 모르죠. '버닝'은 무라카미의 단편을 원작으로 하고 있지만, 현실의 고통과 분노, 죄의식으로 가득 찬 포크너의 세계와도 연결되어 있어요. 즉 무라카미의 세계에서 살고 있는 젊은 포크너의 이야기라고 할 수 있어요. 아버지의 방화에 죄의식과 두려움을 느끼는 포크너의 어린 주인공처럼 종수는 아버지로부터 물려받은 고통과 분노를 안은 채, 오늘날의 포스트모던한 매끄러운 세상을 바라봅니다.

우리는 더 이상 포크너의 세계에 살고 있지 않아요. 문학은 이제 작가들에게나 독자들에게나 그렇게 진지하게 받아들여지지 않죠. '버닝'에서 종수는 벤에게 가장 좋아하는 작가가 포크너라고 말하고, 포크너의 작품 속 이야기가 자기 이야기 같다고 말하죠. 벤은 종수가 너무 진지한 것 같다고, "진지하면 재미없어요."라고 말해요. 바로 오늘날 영화 제작자나 투자자가, 또는 관객들이 감독에게 하는 말이죠. "당신 영화는 너무 진지해요. 진지하면 재미없어요!" 그들은 현실의 문제나 우리가 사는 세상, 우리의 삶에 대해 진지하게 다루는 것은 촌스러운 올드패션이고, 그것들을 무시하는 것이 쿨하고 여유 있고 세련된 것이라고 생각하죠.

코폴라　　미스터리 스릴러로서 '버닝'의 특별함은 벤이라는 인물의 모호함에 있는 것 같습니다. 시나리오 과정에서 작가와 함께 어떤 식으로 이 인물을 구축했나요?

이창동　　이 영화는 오늘날 우리가 살고 있는 이 세계의 모호함에 관한 영화예요. 영화에서 종수는 벤에게 "나는 이 세상이 수수께끼 같아요."라고 말하는데, 종수에게 세상의 수수께끼, 즉 미스터리는 곧 벤의 미스터리지요. 주인공인 종수가 마지막에 그를 죽이게 되는 것도(물론 그 살인이 현실에서 일어나는 것인지, 그가 쓰는 소설 속에서 일어나는 것인지 분명하지 않지만), 그가 연쇄 살인범이라고 확신해서가 아니라 그가 누구인지 알 수 없기 때문이에요. 그의 정체를 알 수 없다는 점이 종수를 분노하게 하는 것이죠.

　이 인물에 대한 탐구는 시나리오 과정에서 중요한 부분을 차지했어요. 시나리오를 쓴 오정미 작가는 러시아 문학을 전공했는데, 그녀는 미하일 레르몬토프의 《우리 시대의 영웅》이란 책을 번역한 적이 있어요. 그 소설의 페초린은 새로운 유형의 악인이죠. 벤은 영화에서 만날 수 있는 수많은 사이코패스와 닮았지만, 전혀 다를 수도 있어요. 어쩌면 그는 인간적이고, 친절하고, 돈이 많아서 무슨 일이든 할 수 있지만 만족하지 못하는, 오늘날 자본주의 사회에서 흔한, 내면이 공허한 젊은이인지도 모릅니다. 그가 실제 연쇄 살인범인지 아닌지는 중요한 것이 아닐 수도 있어요. 그가 무슨 일을 하면서 그만한 부를 누리게 되었는지는 알 수 없는데, 그는 자기가 하는 일이 '노는 것과 일하는 것이 구분이 안 되는' 일이라고 말해요.

사실 오늘날 부동산 투자나 펀드 운용을 하는 많은 전문직이 그런 일을 닮았어요. 그들은 안락한 집에 앉아서, 또는 커피숍 같은 데 앉아서 키보드를 두드리면서 엄청난 수익을 올리기도 해요. 키보드를 두드리는 그들의 손가락 동작에 몇백, 몇천의 노동자들이 구조조정이란 이름으로 대량 해고되기도 하죠. 손에 직접 피를 묻히지 않으면서 이름도 모르고 얼굴도 모르는 수많은 사람들의 삶을 앗아갈 수 있는 것이지요. 심지어 그것이 지구 반대편의 아프리카나 남미 사람들 삶일 수도 있어요. 자본은 어디서나 '동시 존재'하는 것이니까요. 책상 뒤에 앉아서 키보드를 두드리는 것뿐이므로 모든 것은 그저 숫자로만 보이고, 자신이 만든 결과에 대해 죄의식을 느끼지도 않아요. 그게 바로 지금 우리가 살고 있는 세상과 삶의 구조예요. 그들은 그것 또한 '자연의 도덕'이라고 말하지요. 마치 홍수가 나서 사람들이 떠내려가는 것처럼. 그 말은 자본주의의 논리를 대변하는 것 같기도 하고, 신의 목소리를 흉내 내는 것 같기도 해요. 엄청난 물질적 풍요를 누리지만 그들의 내면은 사이코패스처럼 공허합니다. 마치 니체의 《차라투스투라는 이렇게 말했다》에 나오는 '최후의 인간'을 닮았어요. 그것이 오늘날 순수한 악의 모습이죠.

코폴라　인물의 미스터리와 모호함을 끝까지 유지하기 위해 촬영 과정에서 배우와 어떤 식으로 작업했나요?

이창동　벤 역을 맡은 스티븐 연은 처음부터 이 인물을 잘 이해하고 있었어요. 사실 벤이라는 캐릭터를 논리적으로 설명하기는 어려운 일이에요. 만약 어떤 배우가 시나리오를 읽고 자신은 벤이 잘 이해되지 않는다고 말한다면, 나는 그를 캐스팅하기를 포기했을 거예요. 실제로 그런 배우가 두 명쯤 있기도 했고요. 그런데 처음 서울에서 스티븐을 만났을 때, 나는 그가 캐릭터를 논리적으로가 아니라 몸으로 이해하고 있다는 느낌을 받았어요.

　그는 그 남자의 밑바닥에 있는 것이 '공허감(emptiness)'인 것 같다고 말했어요. 자기가 그런 것을 경험하고 있기 때문에 잘 안다고 했어요. 그는 아시아계 무명 배우로 힘든 시간을 겪고 이제 갑작스런 부와 힘을 가지게 되면서 오히려 자신에게 '존재론적 위기(existential crisis)'가 찾아왔다고 했어요. 나는 그것이 벤 캐릭터의 핵심이라고 동의했어요. 물질적으로 풍요로워진, 그리고 무엇이든 할 수 있지만 아무것도 할 수 없는 현대인의 공허감. 벤을 연기하기 위해서는, 그가 돈 많고 친절한 젊은이든 사람을 쓸모없는 비닐하우스 태우듯 없애버리는 사이코패스 연쇄 살인범이든 일단 내면의 공허감에서 출발해야만 하죠. 그런데 벤 캐릭터의 미스터리와 모호함은 영화의 끝까지 유지되어야 하는데, 배우 자신은 스스로를 어떻게 알고 있어야 할까? 배우는 매 장면마다, 아주 작은 디테일을 표현하는 데 있어서도 내적 동기를 가져야 하죠. 그래서 나는 스티븐과 그 문제에 대해 많은 대화를 나누었고, 작은 디테일에 있어서도 그 모호함의 균형을 맞추려고 했어요. 또한 그것은 영화 전체의 텐션을 유지하는 일이기도 했고, 마치 공중에서의 줄타기처럼 고도의 감각이 필요한 일이었어요. 스티븐이 스스로를 연쇄 살인범으로 받아들이는지 아닌지에 대해서 내가 그와 합의할 필요는 없었어요. 그것에 대해서는 촬영이 막바지에 이른 어느 날 내가 그에게 지나가는 말처럼 물은 적이 있었는데, 그는 "대답하지 않을래요. 나만 알고 있게."라며 웃더군요.

코폴라 종수는 마음속의 분노를 영화 내내 무력감으로 아슬아슬하게 감추고 있습니다. 그리고 그것이 영화의 텐션을 끝까지 유지시켜주고요. 종수라는 인물을 구축하실 때 어떤 면을 가장 중요하게 생각하셨는지요? 또 그것을 위해 배우와 어떤 이야기를 나누셨는지요?

이창동 말씀하신 대로 분노와 무력감, 그 두 가지 상반된 감정을 유지하고 점점 밀도를 높여가는 것이 중요하다고 생각했어요. 그러기 위해서 필요한 것은 종수라는 캐릭터의 순수함과 예민함이었어요. 유아인은 원래 예술가적인 자의식이 강하고 예민함을 지닌 배우이기 때문에 캐릭터의 감정에 대해 많은 이야기가 필요 없었어요. 촬영에 들어가기 전에 나는 캐릭터를 구축하는 데 도움이 되기 위해 그와 내 젊은 시절의 버릇에 대해 이야기했지요. 작가 지망생이었던 이십 대 때의 나는 세상의 무거움을 혼자 지고 다니는 듯 늘 어깨를 구부린 채 구부정한 모습으로 걸어다녔고, 약간 입을 벌리고 멍한 표정으로 사람들과 세상을 쳐다보았다고.

우리 대화는 그런 식이었어요. 사실 유아인은 실제로는 종수의 세계가 아니라 벤의 세계에 살고 있죠. 나는 유아인이 벤의 역할을 했으면 또 그것대로 재밌었겠다고 생각했어요. 본인 스스로도 자신에겐 벤의 역할이 더 익숙했을 거라고도 했고요. 그러나 그는 자기 내면에 있는 종수의 순수함을 잘 끌어냈어요.

코폴라　해미가 춤추는 장면은 말 그대로 '영화적 순간'이라고 이름 붙일 만한 장면입니다. 어떻게 준비했나요?

이창동　작가와 시나리오를 쓰기 전에 내가 이 영화를 만들 수 있겠다고 확신하게 한 것이 이 춤추는 장면과 마지막 장면을 떠올렸을 때예요. 그 이미지들이 내가 이 영화를 만들도독 이끈 촉매제라 할 수 있어요. 해미가 춤추는 장면은 영화의 한가운데 있는 코어와 같은 장면으로 그 자체가 미스터리로 느껴져야 했어요. 시간적으로는 '개와 늑대의 시간'이라 부르는 시간, 즉 어둠과 빛의 경계에 있는 시간이죠. 현실과 비현실, 누추한 것과 아름다운 것, 행복감과 불길함 등등이 하나로 섞여 있어야 하고요. 아름다운 노을, 바람에 나부끼는 국기, 마일스 데이비스의 재즈 선율, 송아지 울음소리, 지저분한 마당 등. 삶의 모든 요소가 다 있으면서 그 자체가 미스터리로 느껴져야 했어요.

　무엇보다 중요한 것은 자유로움이었어요. 그 안에서 해미는 자신만의 자유로움으로 '그레이트 헝거'의 춤을 추는 거예요. 칼라하리 사막의 부시맨들처럼. 태곳적서부터 전해오는 그 원형적인 느낌을 관객들이 느낄 수 있기를 바랐죠. 홍경표 촬영감독과 나는 이 장면이 인공적이고 기술적으로 매끄럽게 찍혀서는 안 되고, 우연히 포착된 것 같은 즉흥성, 자연스러움이 느껴지도록 준비했어요.

　해미의 춤도 사실은 안무하고 오래 연습한 것이지만, 카메라 앞에서는 자유로움에 맡겨지도록 했죠. 모든 것이 (항상 그렇듯이) 치밀하게 계획되어 있지만, 의외의 것에 열려 있기를 바랐어요. 그러나 결과물은 우리의 노력과 계산보다는 말 그대로 의도하지 않았던 우연한 행운으로 찍혔어요.

코폴라　　이 장면에서 루이 말(Louis Malle) 감독의 영화

'사형대의 엘리베이터'에 나오는 마일스 데이비스의 음악이 흘러나옵니다. 이 음악이 감독님에게 영감을 주었나요? 또 '버닝'의 사운드 트랙은 영화의 서스펜스를 매우 효과적으로 강화해주고 있습니다. 그런데 감독님은 대체로 영화음악을 절제해왔습니다. 심지어 '시'는 음악이 전혀 없기도 합니다. 영화음악에 대한 감독님의 생각은 어떤가요?

이창동 말씀하신 대로, 나는 대체로 영화에서 음악을 사용하는 것을 절제하는 편입니다. 영화 음악은 영화 바깥에서 감정을 강화하기 위해 인위적으로 주어지는 것이니까요. 특히 '시'는 진정한 아름다움을 찾는 영화라 어떤 인위적인 아름다움 없이 우리 일상의 있는 그대로의 모습을 보여주고 싶었어요. 관객은 일상의 소음, 즉 바람 소리 빗소리, 차 소리, 아이들의 떠드는 소리에서도 음악을 느낄 수 있지요. 사실 영화 안에 이미 음악이 있는 경우가 많지만, 가장 좋은 것은 음악 없이도 관객이 그 장면의 음악성을 느끼는 것이지요. 촬영을 하면서, 편집을 하면서 나는 늘 그런 음악성을 찾습니다.

'버닝'에 대해 말하자면, 나는 원래 마일스 데이비스의 음악을 좋아하지만, '사형대의 엘리베이터'는 특히 좋아하는 곡입니다. 무엇보다 그 불길한 제목이 뭔가 영화에 보이지 않는 텐션을 만들어주는 것 같았어요. 그리고 모그의 음악은 전혀 관습적이지 않은, 낯설고 감각적인 텐션을 전해주지요. 내가 관객에게 선사하려고 한 낯선 영화적 경험에 부합하는 음악이라고 생각합니다.

코폴라　　사르트르는 플로베르에게 그런 질문을 던진 적이 있습니다. 어째서 보바리 부인이 끝에 가서 결국 죽어야만 하는가라고. 마찬가지로 저도 질문하고 싶습니다. 왜 벤이 꼭 죽어야만 했는지요?

이창동　　그 질문은 종수가 왜 살인을 해야만 했는가라는 질문 같군요. 마지막 장면을 어떻게 해석해야 하는가 하는 질문이기도 하고요. 나는 영화의 마지막이 그런 식으로 끝날 수밖에 없다고 생각했어요. 일종의 필연적인 귀결이지요. 왜냐하면 '버닝'은 분노에 관한 이야기이기 때문이에요. 영화 내내 억제되어 있던 종수의 분노는 결국 폭발할 수밖에 없어요. 앞에서 말했듯이 그건 이 세상의 모호함에 대한 분노인 거예요. 그리고 이 마지막 장면에는 또 다른 겹이 있지요.

　사실 이 영화는 '벤이 누구일까' 하는 미스터리를 좇고 있지만, 나는 관객들로 하여금 마지막에 '종수는 누구일까'라는 질문을 떠올리게 하고 싶었어요. 마지막 장면에서 그의 갓난아기 같은 벌거벗은 몸, 두려움과 슬픔과 알 수 없는 감정으로 떨고 있는 종수의 모습이 어떤 영화적 질문으로 전달되길 바랐어요. 그는 이제 어떻게 될까? 앞으로 그는 어떤 행동을 하게 될까? 또한 이 질문은 그가 쓰려는 소설과 관계가 있어요. 그는 그의 말처럼 이 수수께끼 같은 세상에 대해 어떤 소설을 쓰게 될까? 그는, 또는 우리는 어떤 이야기를 욕망하고 있는 것일까? 이런 질문들은 어쩔 수 없이 도덕적·윤리적이기도 하고, 정치사회적일 수도 있고, 어쩌면 순수한 영화적 상상력의 영역이기도 하겠죠.

코폴라   원작에서는 화자가 30대 기성작가인 데 반해, '버닝'의 주인공인 종수는 20대의 작가 지망생입니다. 이렇게 바꾼 이유가 무엇인가요? 종수는 감독님의 젊은 시절과 얼마나 닮아 있습니까?

이창동   무라카미의 원작은 작가 자신이 화자인 소설이에요. 작가로서 어느 정도 안정적인 위치에 있는 30대 작가가 몰래 헛간을 태우는 이상한 취미를 가진, 자기보다 더 어린 20대 후반의 젊은 친구에 대해 이야기하지요. 그러나 나는 주인공이 아직 작가가 되지 않아야 된다고 생각했어요. 이것은 '메타 서사'의 영화니까요. 그는 아직 자기가 어떤 이야기를 써야 하는지를 모르고 있어요. 절박하지만 무력함에 빠져 있고, 분노는 그의 속에서만 불타고 있어요. 오늘날 우리가 사는 이 세상을 보며, 그는 자신이 무슨 이야기를 할 수 있을지, 이떤 이야기가 의미가 있는지 고민합니다.

그것은 20대 작가 지망생이었을 때의 내 모습과 크게 다르지 않아요. 문제는, 작가가 되고 늙은 감독이 된 지금에도 나는 크게 달라지지 않았다는 점이지요. 나는 여전히 그런 근본적인 질문을 해요. 나는 어떤 이야기를 하고 어떤 영화를 만들어야 하지? 내가 하려는 영화가 대체 어떤 의미가 있지? 요즘은 아무도 그런 질문을 하지 않는데 말이죠…….

코폴라　　이 영화는 미스터리 스릴러이면서도 오늘날 세계의 정치적·경제적인 문제를 제기하기도 하고, 동시에 한 편의 소설이 창작되는 과정처럼 보이기도 합니다. 결국 감독님은 관객에게 서사에 대한 질문을 던지고 있습니다. 당신은 어떤 서사를 원하고 있으며, 당신이 보고 있고, 믿고 있는 서사는 과연 진실일까 하는…….

이창동　　오늘날 영화들은 점점 관객을 직접적으로 '체험' 시키고 있어요. 우주 공간이나 2차 세계 대전의 전투나 살인의 현장까지도 관객은 그 현장에 있었던 것처럼 생생하게 체험할 수 있어요. 아마도 부분적으로는 비디오 게임의 영향을 받았을 겁니다. 요즘 영화가 주는 체험의 느낌은 현실을 체험하는 게 아니라 게임을 체험하는 방식에 가까워요. 그러면서 영화는 점점 쉽고 단순해져 가고 있어요. 슈퍼히어로가 세상을 구한다는 단순한 서사가 관객을 사로잡고 있죠. 세상은 점점 복잡하고 모호해져 가는데, 영화의 서사는 왜 점점 단순해져 갈까요? 오늘날의 마블 영화를 생각해보세요. 최근 한국에서는 '어벤져스'가 스크린의 90프로를 차지했어요. 그것이 한번 개봉되면, 극장가에서 작은 영화들을 쓰나미처럼 쓸어가버려요.

옛날 그리스 아크로폴리스 극장에서는 운명과 싸우다가 파멸해가는 주인공(히어로)의 비극을 보며 관객들이 삶의 깨달음과 카타르시스를 얻었죠. 오늘날은 초능력으로 지구를 구하는 슈퍼히어로에 열광합니다. 소포클레스 이후 이천 년의 세월이 지났어요. 그 이천 년 동안 인류에게 무슨 일이 일어난 걸까요? '버닝'은 무모하게도 요즘 영화들의 흐름과 역행하는 영화죠. 단순하지 않고 복잡하고, 쉬운 답을 주지 않고 오히려 질문을 하죠. 벤은 과연 연쇄 살인범인가 아니면 그냥 친절하고 너그러운 부유한 친구인가? 해미는 어디로 갔는가? 그리고 난 그 질문이 서사에 대한, 그리고 영화에 대한 질문으로 확장되길 원했어요.

내가 보고 믿는 것이 과연 진실에 얼마나 가까운가. 내가 영화에서 보고 받아들이는 서사는 얼마나 삶과 세상의 진실에 가까운가? 내가 욕망하는 서사는 과연 무엇인가. 영화란 것이 과연 무엇인가? 나는 관객이 영화 속 인물의 감정을 자기 것으로 느끼면서도 동시에 영화와 거리를 두며 저절로 그런 질문을 떠올리게 되는 낯설고 흥미진진한 '영화적 경험'

이 되기를 바랐죠.

코폴라　대중의 지성을 믿나요?

이창동　우선 관객의 지성을 생각하면서 영화를 만들지 않는다는 말을 하고 싶네요. 오히려 나는 관객이 '느끼도록' 하는 데 주력합니다. 느끼면서 동시에 생각하도록 하고 싶다고 할까요? 느끼지 못하면 생각은 그저 관념에 불과하지요. '버닝'은 미스터리 스릴러라는 장르 영화이지만, 스릴러로서 텐션을 일으키는 것은 보통의 관습적인 장르물과는 다르지요. 이를테면 종수가 새벽에 버려진 비닐하우스들을 찾아 동네 주변을 달리는 장면에서는 그 공간의 아름다움을 감각적으로 전달하고 그 미적 쾌감을 통해 텐션을 느끼게 하고 싶었습니다. 이상한 말이지만 '미학적 텐션'이라고 할까요. 물론 "이게 뭐야?" 하며 어떤 감각이나 텐션도 못 느끼는 관객들도 있습니다. 느끼지 못하니까 감독의 의도를 따지게 되지요.
　나는 이 거대한 미스터리로 이루어진 세상에 대한 여러 겹의 질문들로 끝없이 확장되는 방식이 한 영화에서 가능한지 시도해보고 싶었지만, 이것이 그저 관념적이고 추상적인 질문이거나, 관객에게 강요하는 일종의 지적인 게임이 되기를 원하진 않았어요. 나는 관객들이 극장에서 영화를 보는 동안 영화의 텐션과 감정을 느끼면서 매우 감각적인 영화적 경험을 하기를 원했던 겁니다. 어떤 관객들에겐 내 의도가 통했고, 어떤 관객들은 아무것도 느끼지 못하는 것 같았어요. 그 차이가 뭔지 나도 궁금해요.

부록

시놉시스×트리트먼트

시놉시스

유통회사 알바 일을 하는 작가 지망생 이종수는 배달을 갔다
가 어릴 적 같은 동네에 살던 신해미를 만난다. 그녀는 경품
행사를 하는 나레이터 모델 일을 하고 있다. 종수는 경품으로
받은 핑크색 여자용 손목시계를 해미에게 선물하고, 둘은 그
날 저녁 함께 술을 마신다.

술자리에서 해미는 판토마임을 배우고 있다면서 눈에 보
이지 않는 귤껍질을 까는 동작을 보여주기도 하고, 아프리카
부시맨의 '그레이트 헝거'에 대한 이야기를 들려주기도 한
다. 그녀는 알바 일을 하며 힘들게 모은 돈으로 곧 아프리카
여행을 떠난다면서, 그동안 자신이 키우는 고양이 보일이에
게 밥을 줄 것을 부탁한다.

해미는 종수를 남산 산비탈에 있는 그녀의 작은 원룸으로
데려가는데, 낯선 사람을 싫어한다는 고양이 보일이는 숨어
서 보이지도 않는다. 종수는 해미의 고양이가 마치 눈에 보이

지 않는 굴처럼 상상 속의 고양이가 아닌지 의심스럽다. 이날 종수는 해미와 섹스를 하게 된다.

해미가 아프리카로 떠난 후, 종수는 파주에 있는 아버지의 집으로 들어간다. 농사를 짓던 아버지가 공무원 폭행 건으로 구속 중이어서 집은 비어 있고 축사에는 송아지 한 마리만 남아 있다. 그는 아버지의 집에서 혼자 있으면서 소설을 써보려고 하지만, 무슨 이야기를 써야 할지 막막하기만 하다. 며칠에 한 번씩 종수는 아버지의 낡은 픽업트럭을 타고 서울로 가 해미의 빈방에서 보이지 않는 고양이 보일이에게 먹이를 준다. 그리고 창밖의 남산타워를 보며 자위를 한다.

얼마 후 종수가 여행에서 돌아오는 해미를 마중 나갔을 때, 그녀는 아프리카 여행 중에 만났다는 벤이라는 남자와 함께 나타난다. 벤은 무슨 일을 하는지는 몰라도 젊은 나이에 돈이 참 많은 것 같다. 함께 저녁을 먹은 뒤, 종수는 벤이 멋진 포르쉐에 해미를 태우고 가는 것을 지켜본다.

어느 날 종수 집으로 벤과 해미가 찾아온다. 벤이 대마초를 피우자고 제안하고, 종수는 처음으로 대마초를 피우게 된다. 세 사람은 마당에 앉아 들판 너머의 노을을 바라보며 대마초를 피우는데, 대마초에 취한 해미가 그레이트 헝거의 춤을 추기 시작한다. 그녀가 잠든 뒤, 벤은 종수에게 자신의 비밀스러운 취미를 고백한다. 그에게는 두 달에 한 번씩 들판에 버려진 비닐하우스를 태우는 취미가 있다는 것이다. 또 다음번에 태울 것도 이미 정해놓았는데, 바로 종수 집 가까운 곳에 있는 비닐하우스라는 것이다.

벤의 기묘한 비밀 이야기를 듣게 된 다음 날부터 종수는 매일 아침 달리기를 하며 동네 주변 버려진 비닐하우스들 중에 불탄 것이 있는지를 확인한다. 그러나 불에 탄 비닐하우스는 보이지 않고, 대신에 이상하게도 해미가 연락이 되지를 않는다. 해미의 옥탑방은 깨끗이 정리되어 있고, 고양이가 있었던 흔적조차 없다.

불길한 예감에 사로잡힌 종수는 벤의 뒤를 밟기 시작한다. 그는 어느 날 커피숍에서 새로운 여자와 만나는 벤을 찾아가 비닐하우스에 대해 묻는다. 벤은 이미 비닐하우스를 깨끗이 태워버렸다고 답한다. 종수가 그럴 리 없다고, 자신이 그날 이후 매일 동네 근방을 돌아다녀봤지만 불탄 비닐하우스는 없었다고 말하자, 벤은 너무 가까우면 못 보는 수도 있다며 알쏭달쏭한 미소를 짓는다. 벤은 해미와 연락이 안 된다고 말하는 종수에게 자기도 해미와 연락이 안 된다며 해미는 연기처럼 사라졌다고 말한다.

종수는 계속 벤의 뒤를 밟는다. 벤은 가족과 함께 성당에서 미사를 보고, 고급 레스토랑에서 가족 모임을 갖고, 헬스클럽에서 운동을 하는 일상을 보내고 있다. 그러더니 어느 날 벤은 포르쉐를 타고 서울을 벗어나 한 으슥한 산길로 접어든다. 그는 산속의 한적한 저수지 앞에 차를 세운 뒤 명상에 잠긴 듯 가만히 서 있다. 숨어서 그를 지켜보는 종수는 이곳이 끔찍한 범행의 현장이 아닌지 의심스럽지만, 저수지도 벤의 표정도 너무나 평온하고 평화롭기만 하다.

결국 종수는 벤의 집 앞에 숨어 있다가 그의 눈에 띄게 된다. 종수는 벤을 따라 집 안으로 들어가 그가 새로 키운다는 고양이를 보게 되는데, 해미의 고양이 보일이가 아닌지 의심스럽다. 또한 벤의 화장실 장식장 서랍 속에 수집해놓은 듯한 여자 액세서리들 중에서 전에 자기가 해미에게 주었던 것 같은 핑크색 여자용 손목시계를 발견한다. 벤의 정체에 대한 의심과 분노를 품은 채 벤의 집을 떠나며 종수는 뭔가를 결심한다.

법정에서 종수는 아버지가 결국 징역형을 선고받는 것을 지켜본다. 그는 축사에 남아 있던 송아지를 팔아버린 뒤, 해미가 없는 해미의 방에서 비로소 소설을 쓰기 시작한다.

비닐하우스가 보이는 황량한 벌판에서 벤이 포르쉐를 세운 채 누군가를 기다리고 있다. 얼마 후 종수의 트럭이 나타난다. 차에서 내리는 종수에게 벤이 다가가는 순간, 종수가 갑자기 벤을 칼로 찌른다. 피를 흘리고 죽어가면서 벤은 종수의 몸을 안는다. 종수는 벤의 시신을 포르쉐 운전석에 밀어 넣고 휘발유를 뿌린 뒤, 피 묻은 자신의 옷을 모두 벗어 던져넣은 다음 불을 붙인다. 벌거벗은 몸으로 픽업트럭을 타고 그 자리를 떠나는 종수의 뒤로 불타는 포르쉐가 점점 멀어져간다.

버닝 각본집

트리트먼트[*]

1톤 트럭 뒤에서 담배 연기가 솔솔 피어오른다. 유통회사 배달 알바 일을 하는 이종수가 차 뒤에 숨어서 급히 담배를 피우고 있다. 잠시 후 그는 트럭 짐칸에서 물건을 꺼내 어깨에 메고 걸어간다. 개업 행사를 하고 있는 어느 마트 앞에서 짧은 미니스커트를 입은 두 명의 나레이터 모델이 음악에 맞춰 춤을 추고 있다. 그중 한 여자가 매장 안으로 들어가는 종수에게 몰래 경품 추첨권을 주며 작은 소리로 말한다.

"이따 추첨 받으세요."

물건 배달을 다 마쳤을 즈음 매장 앞에서는 경품 추첨을 하고 있다. 추첨 통에서 당첨 번호를 꺼낸 나레이터 모델이

---

[*] 트리트먼트(treatment). 시놉시스가 5매(A4 기준) 미만의 짤막한 요약본 기획서라면, 트리트먼트는 본격적인 시나리오 작업 전에 조금 더 긴 줄거리를 쓴 것으로, 사건들이 유기적으로 연결되고 있는가를 확인하게 해주는 기능을 갖는다. 트리트먼트에는 구체적인 사건, 스토리의 핵심이 되는 중요 대사가 포함된다.

놀랍게도 종수의 번호를 부른다. 상품은 플라스틱으로 된 핑크색 여자용 손목시계다. "여자 친구 있어?" 상품을 받는 종수에게 여자가 말을 건다. 종수가 의아해서 쳐다본다.

"여자 친구 없는데⋯⋯."

"그럼 어떡해? 여자용 손목시곈데⋯⋯ 이제부터 구해야겠네."

그리고 그녀는 웃으며 자길 모르겠냐고 묻는다. 그제야 종수는 그녀가 어릴 때 파주시 외곽의 같은 동네에 살았던 신해미임을 알아본다.

두 사람은 잠시 짬을 내어 마트 뒷골목에서 같이 담배를 피운다. 해미 역시 종수처럼 이벤트 회사에서 나레이터 모델 일을 하며 고달프게 살아가고 있는 것 같다.

"일이 있다고 전화 오면 그때 나와도 되니까, 좀 자유가 있어. 그게 좋아."

그녀에게는 묘하게도 현실을 벗어난 듯한 단순함이 있는 것 같다. 종수는 자기가 지금은 알바 일을 하고 있지만, 사실은 소설을 쓰고 있다고 말한다. 그의 말에는 어쩐지 허세가 느껴지지만 해미는 진심으로 멋있다고 이야기한다.

"이거 너 찰래?"

종수는 해미에게 경품으로 받은 여자용 손목시계를 내민다. 해미가 받아서 자기 손목에 차 보며, "헐, 촌스러워!" 감탄한다. 잠시 말없이 담배를 피우다가 해미가 종수에게 묻는다.

"야, 오늘 저녁 같이 술이나 먹을까?"

둘은 그날 저녁 함께 술을 마신다. 해미는 판토마임을 배우고 있다면서 종수에게 귤껍질 까는 동작을 보여준다. 상상의 귤껍질을 벗겨 입에 넣고 맛있게 씹은 뒤 상상의 찌꺼기를 내뱉고 상상의 껍질을 상상의 통에 집어넣는다. 감탄하는 종수에게 해미가 말한다.

"여기에 귤이 있다고 생각하지 말고, 귤이 없다는 걸 잊으면 돼. 그뿐이야."

해미는 종수에게 그동안 모아둔 돈으로 곧 아프리카 여행을 떠날 것이라고 말한다. 오래전부터 아프리카에 가보고 싶었단다.

"아프리카의 칼라하리 사막에 사는 부시맨들에게는 두 종류의 '굶주린 자'가 있대. 리틀 헝거와 그레이트 헝거. 리틀 헝거는 그냥 배가 고픈 사람이고, 그레이트 헝거는 삶의 의미에 굶주린 사람이래. 우리 인생에 어떤 의미가 있는지, 늘 알려고 하는 사람……. 그런 사람이 진짜 배고픈 사람이라고 그레이트 헝거라고 부른대."

해미는 그러면서 종수에게 부탁 하나 들어달라고 말한다. 아프리카로 여행을 간 동안 그녀가 키우는 고양이에게 밥을 좀 주었으면 좋겠다는 것이다. 그날 종수는 해미가 술에 취하면 아무 데서나 곧장 잠들어버리는 버릇이 있다는 것을 알게

트리트먼트

된다. 종수는 그런 그녀가 위태로워 보인다.

다음 날 해미는 남산 아래 후암동 마을버스 정류장에서 종수를 기다린다. 버스에서 내리는 종수는 배낭을 메고 큰 가방까지 들었다. 종수는 파주에 있는 집으로 이사 가는 중이라고 말한다. "파주 집에는 누가 있어?" "아무도 없어." 종수가 대답한다. 어머니는 어릴 때 집을 나갔고(해미도 알고 있다), 누나는 몇 년 전 결혼해서 종수의 아버지만 혼자 소를 키우며 살고 있었는데, 문제가 생겨서 자기가 가야만 한다고 종수가 설명한다.

해미의 집은 가파른 오르막 골목길 안쪽에 있는 작은 3층 건물 꼭대기의 옥탑방이다. 북쪽으로 난 창문으로는 남산타워가 보인다. 그녀의 방 안에는 하루 딱 한 번 햇빛이 든단다. 멀리 남산타워 유리창에 반사된 햇빛이 손수건 크기만큼 방 안으로 들어온다는 것이다. 그것도 아주 잠깐 들어오기 때문에 운이 좋아야 볼 수 있다고 한다.

고양이의 이름은 '보일이'다. 지하 보일러실에서 울고 있는 어린 고양이를 데려와서 키웠다는데, 그러나 좁은 방 어디에도 보일이는 보이지 않는다. 해미는 보일이가 낯선 사람이 오면 어딘가로 숨어버리고 보이지 않는다고 말하지만, 종수는 그 보일이가 상상 속에 있는 고양이가 아닌지 의심스럽다. 종수의 그 말에 해미가 "재밌네." 하며 웃는다. 종수는 해미의 말을 어디까지 믿어야 할지 혼란스럽다. 그녀는 중학교

다닐 때 종수가 자기를 못생겼다고 말했다고 하는데 정작 종수는 기억이 없다. 아무래도 오래전부터 해미는 종수에 대해 어떤 감정을 갖고 있었던 모양이다. 그 알지 못할 감정에 이끌려 종수는 해미와 키스하고 섹스를 하게 된다. 마침내 그녀의 몸 안으로 들어가는 순간, 종수는 문득 침대 머리맡의 벽을 쳐다본다. 남산타워에서 반사된 햇빛이 들어와 벽에 걸려 있다. 해미를 안은 채 종수는 그 빛 조각을 마치 비현실적인 환영을 보듯이 말없이 보고 있다. 이윽고 그 빛은 거짓말처럼 사라지고 만다.

종수는 파주시 외곽에 있는 아버지의 집으로 들어간다. 집은 꽤 오래 비어 있어서 을씨년스럽고, 텅 빈 축사에는 비쩍 마른 송아지 한 마리만 남아 있다. 그가 집으로 돌아온 것도 이 송아지에게 밥을 주기 위해서다. 멀리서 기묘한 억양의 북한 대남 방송 스피커 소리가 바람에 실려 들려오고 있다. 종수는 자신이 그토록 벗어나고 싶었던 과거의 공간으로 다시 돌아오고 말았다는 무력감을 느낀다. 옛날에 쓰던 책상 위에 쌓인 물건들을 치우고 노트북을 연결한 뒤 그 앞에 앉는다. 소설을 쓰기 위해서다. 그러나 무슨 이야기를 써야 할지 아무 생각도 나지 않고 막막하기만 하다.
　다음 날 아침 종수는 마당에 세워져 있는 낡은 픽업트럭의 시동을 걸어본다. 엔진 소리는 거칠지만, 운전은 가능할 것 같다. 자동차 키와 함께 다른 열쇠도 달려 있다. 그것을 들고 마당 한쪽에 있는 컨테이너로 들어간다. 어두컴컴한 컨테이너 내부에는 각종 농기구와 운동기구가 보이고, 낡은 해병대 군복과 팔각모, 베트남 참전 기념패 같은 것들도 있다. 종수는 컨테이너 안쪽에 놓인 구형 캐비닛으로 다가간다. 어릴 때부터 그 안에 무엇이 있는지 늘 궁금했었다. 열쇠를 넣어 돌리는 그의 얼굴이 알지 못할 긴장과 두려움에 사로잡힌다. 두꺼운 철문이 열리자, 캐비닛 안에 수집된 수많은 종류의 칼들이 드러난다. 군용 대검, 잭나이프, 레인보우 나이프 등, 종수는 마치 아버지의 알 수 없는 내면을 보듯 멍한 얼굴로 그 흉기들을 보고 있다.

해미와 약속한 대로 종수는 보일이에게 밥을 주기 위해서 해미의 집으로 간다. 번호 키를 누르고 문을 열고 들어가면, 오늘도 보일이는 보이지 않는다. 그는 침대 밑에 고양이 밥과 물을 내놓고, 보일이의 이름을 부르며, 말을 건다.

"보일아…… 어디 있니? 보일아…… 꼭꼭 숨어라 머리카락 보일아…….”

그리고 침대에 앉아서 해미가 살던 공간을 둘러본다. 책꽂이에 붙은 작은 사진 속에서 나레이터 모델 의상을 입은 해미가 그를 보고 웃고 있다. 창밖으로는 멀리 햇빛을 반사하는 남산타워가 보인다. 종수는 그 자리에서 바지를 내리고 자위

버닝 각본집

를 하기 시작한다. 좁은 방의 정적 속에 피부가 마찰하는, 옷과 허리띠의 버클이 스치는 소리와 여린 호흡이 이어진다. 이 윽고 절정에 이른 순간, 왠지 종수의 표정은 쾌감이 아니라 고통을 느끼는 것처럼 보인다. 그는 잠시 침묵 속에 눈을 감고 있다가 다시 뜬다. 사진 속의 해미가 그를 보고 웃고 있다.

의정부 지방법원 고양지원의 법정. 방금 재판 하나가 끝나고 방청객들이 우르르 나간 뒤, 텅 빈 방청석에 종수 혼자 앉아 있다.
"2016 고합 42 피고 이용석!"
주심 판사가 마이크에 대고 말하자, 좌측 가슴에 번호가 적힌 황색 수인복을 입은 종수의 아버지가 교도관에 이끌려 들어와 피고인석에 선다. 판사의 인정심문과 함께 젊은 여자 검사가 공소 사실을 말한다. 그에 따르면 아버지는 파주시 시청 공무원을 폭행하여 전치 6주의 상해를 입힌 모양이다. 판사가 용석에게 공소 사실을 인정하는지 묻는다. 그러자 옆에 앉은 변호사가 대신 대답한다.
"네, 피고인은 공소 사실을 모두 인정하고 있습니다."
"이용석 씨, 변호사님 말씀 맞으세요?"
판사의 질문에 용석은 대답 없이 방청석 쪽을 보고 있다.
텅 빈 방청석에 혼자 앉은 종수와 아버지가 서로 보고 있다.
변호사가 종수를 돌아보고, 판사도 종수를 본다. 종수는 자리에서 일어나서 법정 밖으로 나가버린다.

얼마 후 종수는 법원 앞 변호사 사무실에서 변호사와 마주 앉아 있다. 아버지의 고교 동창인 변호사는 종수의 신상에 대해 이것저것 물어본다. 종수가 문창과를 나왔다고 하자, 무슨 글을 창작하냐고 묻는다.

"……소설을 쓰려고 하는데요."

"소설? 좋네. ……어떤 소설을 쓰고 싶은데?"

종수가 얼른 대답을 못 하자, 변호사는 종수 아버지에 대해 소설로 쓰면 재미있지 않겠냐고 묻는다. 그가 보기에 종수의 아버지야말로 소설의 주인공 같은 사람이라는 것이다. 자존심이 무지 센, 한마디로 또라이인데, 또라이가 소설의 주인공이 되는 거 아니겠냐고 한다. 아버지는 공무원을 폭행해놓고도 피해자와 합의하지도 않고 반성문도 쓰지 않겠다고 한다는 것이다.

"그래서 내가 널 보자고 한 거야. 네가 아버지 면회 가서 이야기 잘 좀 해봐. 성질 좀 죽이고 반성문 쓰시라고."

그러나 종수는 대답이 없다.

"내일이라도 당장……. 알았지?"

"……."

종수가 대답이 없자, 변호사는 어이가 없다는 듯 쳐다본다. 종수의 얼굴이 벌겋게 달아오른다. 두 사람 사이에 침묵이 흐른다.

버닝 각본집

해미가 아프리카로 떠나고 보름쯤 지난 뒤에도 보일이는 종수 앞에 나타나지 않는다. 종수는 빈 그릇에 고양이 밥을 놓아두고, 보이지 않는 고양이에게 말을 건다. 그리고 해미의 침대에 앉아 남산타워를 바라보며 자위를 하기 시작한다. 한 창 자위를 하는 중에 휴대폰 벨 소리가 들린다. 화면에 복잡한 번호가 떠 있다.

"여보세요?"

"……여보세요? 와, 됐다! 여보세요, 나야 해미……."

종수의 얼굴이 밝아진다. 지구 반대편에서 전해오는 그녀의 목소리는 좀 들떠 있는 것 같다.

"나 지금 진짜 힘들게 전화한 거야. 지금 케냐의 나이로비 공항에 있는데……, 공항 근처에 폭탄이 터졌다고 사흘째 공항 안에 갇혀 있었어."

그러면서 드디어 비행기를 타게 됐고, 내일 도착인데 공항으로 나와 줄 수 있는지 묻는다. 종수는 감정을 억제하고 짐짓 무심한 듯 말한다.

"그래, 나갈게. 나가야지."

"와…… 이종수!"

여행 가방을 끌고 인천공항 출국장 게이트를 나온 해미가 종수를 발견하고 활짝 웃으며 다가온다. 그런데 그녀는 30대 중반의 남자와 함께 있다. 해미가 그에게 종수를 소개한다.

"벤 오빠, 여긴 나의 하나뿐인 친구 이종수."

"벤이라고 합니다."

종수는 남자가 내민 손을 얼떨결에 잡는다. 두 사람은 나이로비 공항에서 사흘 동안 갇혀 지내면서 서로 알게 된 사이라고 한다. 종수는 당황한 감정을 숨긴다. 벤은 매우 잘생기고, 왠지 모르게 여유가 있어 보인다. 해미가 벤에게 말한다.

"배고파요. 빨리 가서 한식 먹었으면 좋겠어. 곱창전골 같은 거."

그러자 벤이 서울에서 최고로 잘하는 곱창집을 알고 있다고 말한다. "정말?" 벤의 말에 해미가 종수를 돌아본다.

"종수야, 우리 곱창전골 먹으러 가자!"

그렇게 해서 종수는 두 사람을 자신의 낡은 픽업트럭에 태우고 공항 도로를 달린다. 뒷자리에 앉은 벤은 누군가와 통화를 하고 있다. 그의 뒤쪽 영종대교 너머로 마치 아프리카에서 옮겨온 것 같은 크고 붉은 해가 걸려 있다. 통화하는 벤의 목소리는 은근하고 부드럽다.

"⋯⋯여보세요. ⋯⋯예. 들어가고 있어. 친구 차 타고⋯⋯ 친구가 마중 나왔네. 응, 응⋯⋯. 건강해요. 건강 하난 타고났잖아. DNA가 우수하니까⋯⋯. 예? 으흐⋯⋯."

벤이 킬킬거리며 웃는다. 차 안에는 그의 은근하고 부드러운 목소리만 이어진다.

"응? 음⋯⋯ 나도 보고 싶어⋯⋯. 이번 주에 한번 들를게요. 예, 엄마……."

벤이 전화를 끊자, 차 안에는 침묵이 흐른다. 벤의 그 은근한 목소리와 웃음소리가 기묘한 여운을 남기고 있다.

곱창집에서 식사를 마친 뒤 해미는 아프리카 사막에서 해지는 것을 본 이야기를 들려준다.

"모래 지평선 위의 노을 색깔이 처음에는 푸른색이었다가, 남색이었다가, 주황색이었다가, 포도주 색깔 같은 붉은색이었다가…… 눈앞에서 색깔이 그렇게 바뀌는 거야. 그러면서 점점 어두워지는데…… 나도 모르게 눈물이 막 나는 거야. 아, 나도 저 노을처럼 사라지고 싶다……. 그런 생각이 들면서……."

그녀의 두 눈에서 눈물이 흘러내린다. 그런 그녀를 종수가 말없이 바라본다. 벤이 말한다.

"난 사람이 눈물을 흘리는 게 신기해."

"왜요?"

쑥스럽게 눈물을 닦으며 해미가 반문한다.

"왜냐하면…… 지금까지 난 눈물을 흘리고 울어본 적이 없거든. 아주 어렸을 땐 눈물을 흘리고 울었겠지만…… 내 기억 속에서는 난 눈물을 흘려본 적이 없어요."

"진짜 신기하다."

해미가 감탄하자, 벤이 미소 짓는다. 그가 웃을 때, 얼굴은 웃고 있어도 두 눈은 웃지 않는 것처럼 보인다.

"종수 씨는 혹시 어떤 작가를 좋아하는지 물어도 돼요?"

벤의 갑작스런 물음에 종수는 당황한다. 지금까지 어떤 작가를 좋아하는지 생각해보지 못한 것처럼.

"어…… 윌리엄 포크너요."

"아, 포크너……."

벤이 크게 고개를 끄덕인다. 종수가 변명하듯 덧붙인다.

"포크너 소설을 읽으면…… 꼭 내 이야기 같다 싶은 때가 있어요."

"예……. 종수 씨가 소설을 쓰신다니까, 나도 언제 종수 씨하고 얘기를 하고 싶네요. 내 이야기를 하고 싶어요."

그러면서 그는 해미를 돌아보며 말한다.

"귀엽죠?"

해미는 어느새 벽에 기대어 잠들어 있다.

"졸리면 장소 안 가리고 그냥 잠들어요. 10초도 안 걸려요."

종수는 아무 말도 하지 않는다. "아, 왔어?" 벤이 고개를 들어 누군가를 본다. 후배처럼 보이는 남자가 다가와 벤에게 차 키를 건넨다. 벤의 차를 가져와 식당 앞에 세워둔 모양이다. 식당을 나왔을 때 종수는 식당 앞에 세워둔 멋진 포르쉐 스포츠카가 벤의 차임을 알게 된다. 종수가 자신의 낡은 픽업트럭 짐칸에서 벤의 짐을 내린다. 해미의 짐을 어떻게 해야 할지 몰라 해미를 쳐다보자, 벤이 자기 차로 해미를 집에까지 데려다주겠다고 한다. 해미가 종수를 쳐다보다가 말없이 자

기 가방을 종수의 차에서 벤의 차로 옮겨 싣는다. 벤과 종수
는 악수를 나눈다. 그리고 종수는 해미를 태우고 떠나는 벤의
포르쉐를 한참 바라보고 서 있다.

종수가 책상에 앉아 노트북의 자판을 열심히 두드린다. 그가
쓰고 있는 것은 판사에게 제출할 탄원서이다. 그 탄원서를 들
고 그는 동네 집집마다 찾아다니며 서명을 받는다. 그러나 비
어 있는 집이 많고, 어느 집은 한국말이 서툰 베트남 여자가
있을 뿐이다. 종수는 동남아 노동자들이 일하는 비닐하우스
농장으로 동네 이장을 찾아간다. 탄원서를 읽어본 이장은 종
수의 아버지가 '별로 얘기도 못 해본 사람'이고, '동네 사람들
하고는 뭘 해도 항상 따로 놀던 사람'이었다고 말한다.
　"여기……, 피고인 이용석은 평소에 순박한 농부였고 정
다운 이웃이었습니다. 이렇게 돼 있는데…… 솔직히 정답지
는 않았다는 얘기지."
　"죄송합니다."
　"글은 잘 쓰네."
　탄원서에 서명을 해주며 이장이 칭찬하듯 말한다. 종수는
이장에게 집에 한 마리 남은 송아지를 팔려고 하는데 살 만한
사람이 있을는지 물어본다. 이장과 이야기하는 동안 해미에
게서 전화가 걸려온다.

강남의 서래마을에 있는 어느 카페에 종수가 들어서자, 해미가 그를 보고 손을 흔든다. 자리에 앉은 종수는 테이블에 커피 잔 두 개가 놓여 있는 것을 본다.

"……누가 또 있어?"

해미가 창밖을 가리킨다. 통유리창 너머에서 통화를 하고 있던 벤이 하얀 이를 드러내고 웃으며 종수에게 손을 흔든다. 종수는 엉거주춤 자리에서 일어나 인사한다.

"종수 씨, 반갑네요." 자리로 돌아온 벤이 종수와 악수한다. 해미가 말한다.

"오빠가 너 자꾸 부르래."

종수는 자신이 왠지 오지 말아야 할 곳에 와 있는 것처럼 느낀다. 강남의 이 세련되고 우아한 카페 안의 분위기도 낯설고 불편하게 느껴진다.

"종수 씨 파스타 좋아해요?"

벤이 종수에게 묻는다. 종수가 뭐라고 대답하기 전에 해미가 말한다.

"오빠가 우리 파스타 요리해준대."

카페 가까운 곳에 있는 벤의 집은 고급 빌라의 3층이다. 모든 것이 고급스럽고 세련되어 보이는 벤의 공간은 종수의 파주 집과는 너무나 대조적이다. 화장실도 넓고 우아해 보인다. 화장실 거울에 비친 자신의 모습조차 왠지 낯설게 느껴진다. 장식장을 열어보자, 하얗게 세탁되어 가지런히 놓인 수건들과 장밋빛 가죽 케이스가 눈길을 끈다. 케이스 안에는 다양한 화장 도구가 들어 있다. 종수는 장식장 아래 서랍도 열어본다. 서랍 안에는 목걸이, 액세서리, 머리핀 같은 작은 여자용 물건들이 마치 수집품처럼 보관되어 있다. 남자 혼자 사는 집에 이런 여자 물건들이 왜 있는지, 종수는 잠시 속으로 그 이유를 헤아려본다.

식사를 마친 뒤 종수와 해미는 벤의 집 베란다에 서서 담배를 피우고 있다. 이제 막 불이 들어오기 시작한 서래마을의 평화로운 풍경이 내려다보인다.

"저 사람 나보다 몇 살 많아?"

"여섯 살? 일곱 살?"

"어떻게 하면 젊은 나이에 저렇게 여유 있게 살 수 있지?"

"젊은 나이라도 돈이 많나 보지."

"위대한 개츠비네."

"그게 뭔데?"

"뭘 하는지는 모르겠지만 돈이 많은 수수께끼의 젊은 사람들……. 한국에는 개츠비가 너무 많아."

해미는 무슨 말인지 모르겠다는 얼굴이다. 두 사람은 고개를 돌려 거실 쪽을 본다. 거실 창 너머로 식탁을 치우고 있는 벤의 모습이 보인다. 그는 뭔가 즐겁고 흥겨운 듯한 표정이다.

"저 사람이 왜 너를 만나? 그거에 대해 생각해본 적 있어?"

종수의 물음에 해미가 쳐다본다. 그런 걸 왜 생각해야 하냐는 듯한 표정으로.

"오빠가…… 나 같은 사람 좋아한대. ……흥미 있대."

그날 저녁 종수는 해미와 함께 벤의 친구들과 술자리를 같이한다. 친구들은 하나같이 벤처럼 여유 있고 세련된 사람들이다. 벤은 그들에게 종수를 소설 쓰는 작가라고 소개한다. 그들은 이미 해미를 잘 알고 있는 것 같다. 해미는 그들에게 아프리카 칼리하리 사막에서 만난 부시맨들의 이야기를 열심히 하고, 직접 일어나서 리틀 헝거와 그레이트 헝거의 춤을 실연해 보이기도 한다. 그들은 그녀의 순진하리만큼 진지한 이야기를 들어주고 가끔 맞장구를 치거나 물어보기도 한다. 종수는 해미를 보는 그들의 시선이 불편하다. 그들은 해미를 재미있는 구경거리 보듯 하면서도 겉으로는 전혀 내색하지 않는 것 같다. 종수는 문득 하품을 참고 있던 벤과 눈이 마주친다. 벤은 어쩐지 이 모든 것을 무료하고 공허하게 느끼는 것처럼 보인다.

다음 날, 종수가 축사의 소에게 사료를 주고 있을 때, 해미에게서 전화가 온다. 마침 근방을 지나가고 있던 참인데, 벤이 종수가 사는 곳에 와보고 싶어 한다는 것이다. 소 오줌이 깔린 지저분한 마당에 들어선 벤의 외제 스포츠카는 불시착한 UFO처럼 이질적으로 보인다. 차에서 내리며 해미는 동네에 있던 우물이 없어졌다고 말한다. 그리고 어렸을 때 우물에 빠진 자기를 종수가 구해주었다는 이야기를 하는데, 이상하게도 종수는 그 일이 기억나지 않는다.

벤이 차에서 음식과 와인이 든 봉투를 꺼내고 그들은 마당에 앉아 오랜만에 만난 사이좋은 친구들처럼 들판 너머의 노을을 바라보며 와인을 마신다. 벤이 종수에게 대마초를 같이 하겠냐고 묻는다. 그의 갑작스런 제안에 놀란 종수는 조금 망설이다가 결국 손을 내민다. 세 사람은 대마초를 돌려 피우고, 벤은 마당에 세워 둔 스포츠카에 가서 카오디오를 켠다. 마일스 데이비스의 '사형대의 엘리베이터'가 흘러나온다. 음악에 이끌리듯 해미가 자리에서 일어나더니, 티셔츠를 벗어 던져버린다. 저녁 공기에 맨가슴을 드러낸 채 그녀는 음악에 맞춰 자유롭게 판토마임 동작을 하기 시작한다. 판토마임은 그레이트 헝거의 춤으로 이어진다. 저녁노을 속으로 울려 퍼지는 트럼펫 선율에 맞춰 그녀는 진짜 그레이트 헝거의 춤을 추고 있다. 그러다가 대마초에 취한 듯 갑자기 의자에 주저앉더니 잠이 들어버린다.

두 사람은 시체처럼 잠든 그녀를 들어 안으로 옮겨 눕힌 뒤, 마당에 앉아 계속 대마초를 피운다.

"난 아버지를 미워해요."

종수가 갑자기 말을 시작한다.

"우리 아버지는요…… 분노 조절 장애가 있어요."

아버지의 분노는 폭탄처럼 모든 것을 파괴해버린다고, 엄마가 어린 우리 남매를 두고 집을 나간 것도 그 때문이었다고, 종수는 마치 가슴속에 오래 파묻어왔던 것을 고백하듯 말한다.

"난 가끔 비닐하우스를 태워요."

말없이 듣고 있던 벤이 불쑥 말한다. 종수가 벤을 돌아본다. 벤 역시 무엇인가 아주 중요한 것을 고백하고 싶어 하는 것 같다. 그에게는 가끔 들판에 버려진 비닐하우스를 태우는 취미가 있다는 것이다.

"그러니까…… 남의 비닐하우스를 태운다는 건가요?"

"당연히 남의 거죠. 말하자면 범죄 행위죠. 종수 씨와 내가 이렇게 대마초 피우는 것처럼 명백한 범죄 행위……. 그런데 아주 간단해요. 석유를 뿌리고 성냥불만 던지면…… 끝! 다 타는 데까지 십오 분도 안 걸려요. 마치 처음부터 존재하지 않았던 것처럼 사라지게 할 수 있어요."

"잡히면 어쩌려고?"

종수의 반문에 벤은 미소 짓는다.

"안 잡혀요, 절대. 한국 경찰이 그런 데 신경 안 쓰거든요. 들판에 농사도 안 짓고 버려진 비닐하우스만 태우기 때문에 누구한테도 해가 안 되고, 알지도 못해요."

벤이 고개를 돌려 종수를 본다. 미소를 짓고 있지만, 눈은 웃지 않는 예의 그 표정으로. 그러나 눈빛은 인광(燐光)처럼 반짝인다.

"한국에는요……. 쓸모없고 지저분한 비닐하우스들이 진짜 많아요. 걔네들은 다 내가 태워주기를 기다리는 거 같아요. 그리고 난 그 불타는 비닐하우스를 보면서 희열을 느끼는 거죠."

벤은 가슴에 손을 갖다 대며 말한다.

"그러면 여기서 베이스가 느껴져요. 뼛속까지 울리는 베이스……."

벤은 지금도 그것이 느껴지는 것처럼 가슴에 손을 대고 허공을 쳐다본다. 종수는 벤이 혹시 농담으로 이런 말을 하는 것이 아닌가 의심스럽다. 아니면 대마초에 취해서 어떤 환상에 사로잡혔는지도 모른다.

"그게 쓸모없고 불필요한 건지는 형이 판단한다고요?"

"나는 판단 같은 거 하지 않아요. 그냥 받아들이는 거지. 그것들이 태워지길 기다리고 있다는 거를……."

종수도 고개를 젖히고 하늘을 쳐다본다. 붉은 노을의 핏빛 잔영이 남은 채 점점 어둠 속으로 잠겨가는 하늘 위로 벤의 목소리가 들린다.

"그건…… 비 같은 거예요. 비가 온다. 강이 넘치고 홍수가 나서 사람들이 떠내려간다……. 거기에 옳고 그른 건 없어요. 자연의 도덕만 있지. 자연의 도덕이란…… 동시 존재 같은 거예요."

"동시 존재?"

종수가 벤을 돌아본다. 벤은 여전히 눈을 가늘게 뜨고 마치 즐거운 상상이라도 하는 것 같은 표정으로 허공을 보며 중얼거린다.

"나는 여기에도 있고, 저기에도 있다. 나는 파주에도 있고 반포에도 있다. 서울에도 있고, 아프리카에도 있다. 그런 거…… . 그런 밸런스…… ."

벤이 다시 킬킬거리고 웃는다. 그 웃음소리에 종수는 할 말을 잃는다. 벤은 다음번에 태울 비닐하우스도 이미 정해놓았다고 말한다. 지금 종수가 사는 곳에서 아주 가까운 데 있는 비닐하우스라고 했다.

"여기서 아주, 아주 가까운 곳에 있어요."

그 말을 하며 벤은 종수에게 알 듯 모를 듯한 미소를 짓는다. 그의 말에 알 수 없는 불길함을 느낀 종수는 자기도 모르게 불쑥 말한다.

"난 해미를 사랑하고 있어요."

그러나 벤은 대마초에 취한 듯 킬킬 웃기만 한다. 종수가 다시 한번 내뱉는다.

"씨발, 해미를 사랑한다고…… ."

여전히 벤은 킬킬 웃기만 한다. 마루문이 열리고 잠에서 깨어난 해미가 나오면서, 두 사람의 대화는 끊어진다.

"나무 많이 컸네."

떠나기 전 해미가 마당에 있는 나무를 쳐다보며 하는 말이다. 그러자 그녀의 뒤로 다가선 종수가 낮은 소리로 말한다.

"왜 그렇게 옷을 잘 벗어? 남자들 앞에서 그렇게 옷을 벗는 건 창녀나 하는 짓이야."

해미의 얼굴이 굳어진다. 그녀는 벤과 함께 떠나면서 종수를 쳐다보지도 않는다. 종수는 벤의 포르쉐가 어둠 속으로 사라질 때까지 바라보고 서 있다가 집으로 들어간다. 그리고 소파 위에 쓰러지듯 누워 잠든다.

꿈속에서 열한 살의 어린 종수가 불타는 비닐하우스를 바라보고 있다. 어둠 속에서 불길은 소리 없이 치솟고, 불티들이 어지럽게 날아오른다. 이윽고 비닐하우스는 불길 속에서 흔적도 없이 사라지고 만다. 그것을 보는 종수의 얼굴에 알 수 없는 희열 같은 것이 어린다.

불현듯 잠에서 깨어난 종수는 잠시 멍하니 앉아 있다. 이윽고 마룻문을 열고 나온다. 마당의 테이블 위에는 어제 그들이 왔다 간 흔적이 그대로 남아 있다. 벤이 대마초에 불을 붙였던 지포라이터가 눈에 띈다. 종수는 그것을 집어 들고 불을 켜본다. 마치 어제의 일이 실제로 일어난 일이었던 것을 확인이라도 하려는 것처럼. 바람결에 북한의 대남 방송 소리가 들려온다.

파주의 물류센터에 알바 일을 구하려고 온 종수. 면접을 기다리며 해미에게 전화를 걸고 있다. 신호가 가는데도 전화를 받지 않자, 음성 메시지를 남긴다.

"해미야, 통화 좀 해."

면접이 시작되고 종수 또래의 청년들이 담당 직원 앞에 늘어선다. 직원은 지원자들을 번호로만 부르고, 오직 확인하는 건 집이 얼마나 가까운가 하는 것뿐이다. 자기 차례가 오자 종수는 직원의 물음에 대답도 하지 않고 혼자 면접장을 빠져나오고 만다.

트럭을 몰아 집으로 돌아오던 종수의 눈에 벌판 한가운데 있는 오래된 비닐하우스가 들어온다. 그는 어제 벤이 했던 말을 떠올리며 뭔가를 곰곰이 생각한다. 결국 벌판 가운데 있는 비닐하우스를 향해 차를 운전한다. 차에서 내려 가까이 걸어가서 비닐하우스 안을 유심히 들여다본다. 오래 방치된 듯 아주 지저분한 비닐하우스 안에는 잡초가 우거져 있다. 그는 차의 글러브박스에서 아버지가 쓰던 낡은 지도책을 꺼내서 비닐하우스가 있는 자리에 X자로 표시한다.

그는 동네 가까운 비닐하우스들을 찾아다닌다. 농사를 짓고 있는 비닐하우스에는 대체로 외국인 노동자들이 일하고 있다. 어느 낡은 비닐하우스 옆에 차를 세우고 가까이 걸어갈 때, 휴대폰이 울린다. 화면에 해미의 이름이 떠있다. "여보세요." 그러나 수화기 너머에서는 아무 말도 들리지 않는다. 급한 발소리와 알 수 없는 소음 같은 것이 계속 들릴 뿐이다. 종수는 그 소음을 계속 듣고 있다가 전화를 끊고 다시 해미에게 전화를 건다. 긴 신호음 뒤에 "지금 전화를 받을 수 없으니……"라는 안내 목소리가 들려온다. 불길한 느낌에 사로잡히는 종수의 얼굴. 근처 농가에서 사납게 짖어대는 개 소리가 들린다.

해미의 집 앞에 종수의 차가 도착한다. 번호 키를 눌러보지만 그 사이 암호를 바꾸었는지 열리지 않는다. 문을 두드려봐도 소용이 없다. 문에 귀를 대고 들어보지만 아무 소리도 들리지 않는다. 종수는 어찌할 바를 모르고 그 자리에 서 있다가 다시 계단을 걸어 내려온다.

집에 돌아온 뒤에도 그는 다시 해미에게 전화를 건다. 신호음이 가는 동안 지도를 펴본다. 지도에는 다섯 개의 X 표시가 되어 있는데, 그 다섯 개가 벤이 태울 듯한 비닐하우스다. 그는 펜으로 지도에 있는 다섯 개의 지점을 선으로 연결해본다. 구불구불 굽은 선이 그려진 지도 위로 "지금은 전화를 받을 수 없으니……"라는 안내 목소리가 들려온다.

새벽의 안개 속을 종수가 달리고 있다. 강 옆에 첫 번째 비닐하우스가 있다. 벤이 말한 것처럼 누군가 태워주기를 기다리는 것 같은 완전히 방치된 비닐하우스다. 달리는 속도를 줄이고 다가가보면 아직 방화의 흔적 같은 것은 보이지 않는다. 숨을 헐떡이며 주위를 둘러본다. 어릴 때부터 그가 잘 아는 익숙한 공간이지만, 왠지 아주 낯설게 느껴진다. 그는 다시 달리기 시작한다. 두 번째와 세 번째 비닐하우스는 나이 먹은 추한 쌍둥이처럼 서로 가까이 붙어 있다. 바람이 불어 주변의 나무들이 음산하게 소리 내며 흔들린다. 네 번째는 낡은 농가 가까이 있는데, 비닐하우스에 접근하려면 질척하게 젖어 있는 땅을 지나야 한다. 종수가 비닐하우스 가까이 가는 동안 개가 사납게 짖어댄다. 비닐하우스를 살펴보고 나오는 종수를 늙은 농부가 의심스런 눈길로 보고 있다. 마지막 비닐하우스는 벌판 한가운데 있다. 찢어진 비닐이 바람에 펄럭인다. 그는 비닐하우스 앞에 서서 가쁜 숨을 내쉬며 해미에게 전화를 걸어본다. 전화기가 꺼져 있다는 안내 목소리가 나온다.

그는 다시 해미의 집을 찾아가서 문을 두드린다. "왜 그래요?" 두드릴수록 더욱 조급해져서 쫓기듯이 닫힌 문을 주먹으로 두드리자, 아래층에 사는 집주인 할머니가 올라와 묻는다. 종수는 할머니에게 문을 좀 열어달라고 부탁한다. 해미가 연락이 안 되는데 아무래도 무슨 일이 생긴 것 같다며. 안에서 고양이가 굶어 죽을지도 모른다고 말한다. 할머니는 원래 고양이를 못 키우게 되어 있어서 고양이가 있을 리가 없다고 말하지만, 결국 문을 열어준다. 방 안은 의외로 깨끗이 정리돼 있다. 고양이도 보이지 않는다. 할머니 말대로 처음부터 없었던 것처럼. 그런데도 종수는 평소답지 않게 깨끗하게 정리된 방이 더 섬뜩하게 느껴진다. 더구나 해미의 여행 가방은 그대로 있다. 할머니가 지켜보는 앞에서 그는 해미의 실종을 설명할 만한 것을 찾기 위해 방 안을 뒤져보지만, 단서가 될 만한 것은 아무것도 없다.

어느 축제 행사장에서 나레이터 모델들이 춤추고 있다. 모두 해미와 같은 옷을 입고 같은 동작으로 춤춘다. 이벤트 용역회사의 실장은 종수에게 해미가 한 달 전부터 갑자기 연락도 없이 안 나온다고 전한다. 그녀의 말에 의하면, 나레이터 모델 알바들 중에는 카드빚 때문에 이런 식으로 도망치는 애들이 많은데, 해미도 그런 사정으로 도망갔을 거라는 것이다.
　종수는 판토마임 동호회에도 찾아간다. 상가 건물 2층의 연습실에서 십여 명의 사람들이 침묵 속에 판토마임을 하고 있다. 그러나 해미의 행방에 대해 알고 있는 사람은 아무도 없다.

이른 아침 종수가 가을걷이가 끝난 들판을 달리고 있다. 어느새 아침 공기가 차가워져서 거친 숨과 함께 입김이 흩어진다. 벌판 가운데 있는 비닐하우스로 다가간다. 비닐 위에 내린 서리가 햇빛에 반짝인다. 그는 주머니에서 라이터를 꺼내 불을 붙여본다. 비닐에 불이 붙기 시작하자, 놀라서 꺼버린다. 다시 달리기 시작한다.

종수는 벤의 집 앞 골목에 픽업트럭을 세워두고 벤의 집 쪽을 보고 있다. 벤의 포르쉐가 나오고 있는 것이 보이자, 종수는 서둘러 뒤를 따른다. 복잡한 차량 틈에서 계속 벤의 차를 주시하며 따라간다.

어느 한적한 커피숍에서 벤이 혼자 앉아서 책을 읽고 있다. "벤 형!" 종수가 다가가며 부르자, 벤이 고개를 들어 본다. 우연히 지나가다가 벤의 차를 보고 인사하려고 들어왔다는 종수의 말에 벤이 미소를 띤 채 고개를 끄덕인다. 벤이 읽고 있는 책은 윌리엄 포크너 단편집이다. 벤은 언젠가 종수가 포크너를 좋아한다는 말을 듣고 한번 읽어보고 싶었다고 말한다.

"그런데 참, 비닐하우스는 어떻게 됐죠?"

종수가 갑자기 생각났다는 듯이 벤에게 묻는다. 벤이 눈을 빛내며 미소를 짓는다.

"물론 태웠죠. 이미 깨끗하게 태웠어요. 태운다고 했잖아요."

"우리 집 근처에서요?"

"그럼, 아주 가까운 데서."

"그럴 리가 없는데……."

종수는 벤이 그 말을 한 다음 날부터 매일 아침 집 주변의 비닐하우스들을 돌아다니며 확인했다고 말한다. 그래서 정말 불탄 비닐하우스가 있다면 못 봤을 리가 없다고 말한다.

"그래도 놓치셨네. 있을 수 있죠. 너무 가까워서 놓쳤을 거예요."

벤이 알쏭달쏭한 미소를 지으며 말한다.

"오빠, 늦어서 미안해요……."

한 여자가 다가오며 호들갑스럽게 변명한다. 아마 벤이 새로 만나는 여자인 것 같다. 그녀는 벤과 어울리지 않는다는 점에서 어쩐지 해미와 비슷해 보인다. 벤은 시간이 없다며 서둘러 자리에서 일어나고, 종수는 그들을 따라 커피숍을 나선다.

"혹시 해미 소식을 아세요? 해미가 전화를 받지 않거든요. 한 달째……."

종수의 물음에 벤이 돌아본다.

"나도 해미와 연락이 안 돼요. 해미는…… 연기처럼 사라졌어요."

그가 사라지는 연기를 흉내 내듯 허공에서 손가락을 돌린다. 커피숍 앞에 세워둔 포르쉐에 타기 전에 벤은 다시 걸음을 멈춘다.

"그거 아세요? 해미가 종수 씨 특별하게 생각한 거……. 나한테 그랬어요. 종수 씨는 이 세상에서 자기가 믿는 단 한 사람이라고……. 그 말을 듣는데 질투가 나더라니까요."

알지 못할 미소와 함께 그 말을 남기고 벤은 여자와 포르쉐를 타고 떠난다. 차가 멀어져서 보이지 않을 때까지 종수는 그 자리에 못 박힌 듯 서 있다.

종수는 해미의 언니를 찾아간다. 해미의 언니는 엄마와 함께 서울 변두리에서 분식집을 하고 있다. 그녀는 분식집 한구석에서 혼자 라면을 시켜 먹는 종수를 알아보고, 해미가 보내서 온 것이라고 생각한다. 그러면서 카드빚 갚기 전에는 집에 올 생각 말라는 말을 전해달라고 말한다. 종수는 해미가 가족하고도 오래 소식을 끊고 있었다는 것을 알게 된다. 그는 해미 언니와 엄마에게 어릴 때 해미가 우물에 빠졌던 걸 기억하냐고 묻는다.

"어릴 때 해미가 깊은 우물 속에서 몇 시간 동안 동그란 하늘만 쳐다보고 있었거든요. 누군가의 얼굴이 나타나서 자기를 구해주기를 기다리면서요……."

그러자 언니는 그 말을 해미에게 들었냐고 묻는다. 해미는 어릴 때 우물에 빠진 적이 없었다면서 해미가 원래 이야기를 잘 꾸며낸다고도 말한다.

"우리 집 옆에 우물 같은 것도 없었어."

강남의 어느 밤거리. 종수가 버스 정류장에서 삼각김밥을 씹으며 길 건너 건물을 쳐다보고 있다. 환하게 불이 켜진 헬스장의 통유리로 러닝머신 위를 뛰고 있는 사람들의 모습이 실루엣으로 보인다. 헬스장 안에서 벤이 러닝머신 위를 뛰고 있다. 회색 운동복이 땀에 젖어 있어도 그의 달리는 동작은 경쾌하고 표정도 평온하다. 뛰고 있는 그의 모습은 야경이 비치는 유리창에 반사되어 마치 허공을 달리는 것처럼 보인다. 눈 앞의 야경은 그가 감상하는 대형 스크린 같고, 그 스크린 한쪽에 이쪽을 올려다보고 있는 종수가 있다. 계속 달리며 종수에게 눈길을 주고 있는 벤. 종수도 계속 위를 쳐다보고 있다.

일요일 아침 강남의 어느 대형 성당에서 미사가 진행 중이다. 미사를 마친 사람들 틈에 섞여 나오던 종수가 걸음을 멈춘다. 성당 로비에서 벤과 그의 가족이 신부와 인사하고 있다. 그 모습을 종수가 숨어서 지켜본다.

그날 오후 종수는 어느 갤러리에서 전시 중인 그림들을 보고 있다. 그림을 감상하며 천천히 걸음을 옮기면, 갤러리 한쪽의 고급 레스토랑이 보이고 벤 가족이 식사를 하고 있다. 삼대가 한자리에 모여 즐겁게 담소하며 식사하는 모습을 종수는 먼발치에서 계속 지켜보고 있다.

차들이 밀려서 꽉 막힌 강변북로. 종수가 운전대를 잡고 앞을 주시하고 있다. 옆 차선의 차량 두어 대 앞에 벤의 포르쉐가 있다. 종수의 차선이 조금씩 움직이기 시작하며 벤의 차 가까이로 다가간다. 벤은 차창을 내린 채 담배를 피우고 있다. 벤이 자신을 보게 될까 긴장하는 종수. 이윽고 벤의 차가 앞으로 나아가고, 종수가 따라간다.

햇살이 기울어지기 시작한 오후의 지방도로를 달리고 있는 종수의 픽업트럭. 벤의 포르쉐가 앞에서 달리고 있다. 벤의 차는 나지막한 산으로 들어가는 시멘트 도로로 들어서고 종수의 차가 따라간다. 숲속 공터에 차를 세운 종수가 차에서 내려 숲속으로 들어선다. 풀숲과 나무들을 헤치며 조심스럽게 다가가는 종수의 얼굴이 의심과 긴장에 휩싸인다.

산속에 있는 작은 저수지에 벤이 서 있다. 주변은 짙은 산 그늘에 덮여 있고, 저수지의 수면에 저녁 하늘이 담겨 거울처럼 빛나고 있다. 아주 평화롭고 고즈넉한 분위기다. 저수지 둑 위에 서서 저수지를 바라보는 벤의 얼굴은 평온하다. 그런 벤의 모습을 숨죽인 채 지켜보고 있는 종수.

그날 밤, 한밤중에 들려온 전화벨 소리가 종수를 깨운다.

"종수 맞지? 나…… 엄마야."

수화기에서 들려온 소리는 놀랍게도 오래전 집을 나갔던 엄마의 목소리다.

십여 년 만에 다시 만난 어머니는 청소 일을 하면서 힘들게 사는 것 같다. 그녀는 오백만 원 때문에 자기가 일하는 백화점 화장실까지 찾아오는 빚쟁이 이야기를 무슨 재미난 이야기 하듯 들려준다. 종수는 나이가 들어도 철없어 보이는 엄마를 딱한 듯 보다가, 자기가 대신 빚을 갚아주겠다고 약속한다. 그리고 엄마에게 묻는다.

"엄마, 옛날에 우리 동네에 우물이 있었어?"

"우물? 있었지."

"정말? 그 우물에 해미가 빠진 적 있다던데……."

"그건 모르겠고…… 우물은 있었어. 물 없는 마른 우물."

엄마는 종수의 얼굴을 보고 이상하다는 듯이 묻는다.

"왜 그래?"

저녁 어스름이 깔리는 시간, 픽업트럭에 앉아 종수가 벤의 집을 지켜보고 있다. 몇 시간째 벤의 차가 나오기를 기다리고 있는 중이다. 전화가 걸려온다. 화면에 '벤'이라는 이름이 떠 있다. 잠깐 망설이다가 전화를 받는다.

"종수 씨, 어디에요?"

"……강남이요."

"강남 어디요?"

종수가 당황해서 대답을 제대로 하지 못할 때, 누군가 차창을 두드린다. 돌아보면 벤이 들여다보고 있다. 그는 여전히 사람 좋은 미소를 띠고 있다.

"차가 낯이 익다 했는데, 종수 씨 맞네."

종수가 해미에 대해 할 이야기가 있어서 찾아온 것이라고 변명하자, 벤은 그럼 집에 들어가서 이야기하자고 한다. 종수는 어쩔 수 없이 벤을 따라 들어간다. "잘됐네." 엘리베이터 안에서 벤이 말한다. 이따가 집에서 친구들과 모임이 있는데 종수도 자리를 같이하면 되겠다고.

벤의 집은 지난번과 다름없이 깨끗하고 안온하다. 벤은 종수에게 요즘도 소설을 쓰냐고 묻는다. 종수는 아직 어떤 소설을 써야 될지 잘 모르겠다고 말한다. "왜요?" 벤의 물음에 종수는 대답을 망설이다가 말한다.

"나에겐…… 세상이 수수께끼 같아요."

그때 어디선가 고양이 소리가 들리고, 예쁘게 생긴 고양이 한 마리가 발밑을 지나간다. 벤은 얼마 전에 주인 없는 고양이를 데리고 왔다고 말하는데, 종수는 그 고양이가 해미의 보일이가 아닐까 의심스럽다. 고양이를 찾아 화장실에 들어간 종수는 왠지 모를 느낌에 장식장 문을 열어본다. 지난번에 본 화장 가방이 그대로 있다. 서랍을 열어본다. 서랍 안에 있는 여자 액세서리들 중에 전에 보지 못했던 핑크색 여자용 손목시계가 놓여 있다. 그것을 집어 들고 보는 종수의 표정이 불길한 느낌에 사로잡힌다. 아무래도 자신이 해미에게 준 그 경품 시계인 것 같다. 그 순간, 현관의 벨 소리가 들려온다.

종수가 화장실을 나오자, 지난번 카페에서 만났던 여자(연주)가 집 안으로 들어온다. 그 순간 고양이가 열린 문을 통해 밖으로 도망친다. 벤과 연주가 달려 나가고 종수도 따라 나간다. 주차장으로 내려와 두 사람과 함께 고양이를 찾던 종수는 차 뒤에 숨어 있는 고양이를 발견한다. 조심스럽게 다가오는 종수를 쳐다보는 고양이는 금방이라도 도망칠 것 같다. "가만있어. 고양아……." 그리고 그는 작은 소리로 고양이를 불러본다. "보일아, 보일아……." 꼼짝 않고 보고 있던 고양이가 서서히 움직이더니, 종수에게 다가온다.

벤은 종수가 어떻게 고양이를 쉽게 잡았는지 신기해하고,

연주는 고양이가 이쁘다며 받아 안는다.

고양이는 이제 벤 친구의 품에 편하게 안겨 졸고 있다. 연주는 벤 친구들에게 자신이 일하는 면세점에서 상대하는 중국인 이야기를 신나게 하고 있는 중이다. 친구들은 마치 전에 해미를 보는 것 같은 시선으로 연주를 보며 웃고 있고, 연주는 우스꽝스러운 중국어 발음을 섞어서 더욱 신나게 이야기하고 있다. 종수가 고개를 돌려 벤을 본다. 하품을 하던 벤이 종수와 눈이 마주치자, 미소를 짓는다. 종수는 말없이 자리에서 일어나 조용히 집을 나온다.

주차장에 뒤따라 나온 벤이 종수를 부른다. 그리고 왜 그냥 가냐고, 해미에 대해 뭐 할 말이 있다고 하지 않았냐고 묻는다. 종수가 이제 이야기하지 않아도 될 것 같다고 말하자, 벤이 종수의 가슴에 손을 대고 말한다.

"종수 씨는 좀 즐겨야 돼. 그래야 여기서 베이스가 느껴지지."

말없이 쳐다보는 종수에게 그가 덧붙인다.

"종수 씨는 너무 진지해. 진지하면 재미없어요."

잠시 벤의 얼굴을 쳐다보던 종수는 말없이 그의 손을 풀고 떠난다. 멀어지는 종수의 차를 보고 있는 벤.

종수가 법정의 방청석에 앉아 있다. 수인복을 입은 아버지가 교도관에 이끌려 들어선다. 판사가 단조로운 어조로 징역 1년

6월을 선고하는 판결문을 낭독한다. 판결이 끝나고 교도관과 함께 법정을 나가는 아버지를 말없이 보고 있는 종수.

집으로 돌아온 종수는 동네 이장과 함께 온 소 장수에게 송아지를 넘긴다. 별 저항 없이 순순히 트럭에 오르는 송아지를 종수가 쳐다본다. 송아지는 종수를 향해 작별 인사를 하듯 커다란 눈을 끔뻑거리며 슬프게 운다.

침대에 모로 누워 있는 종수의 뒤에 해미가 꼭 붙어 있다. 종수의 바지가 무릎쯤에 걸쳐져 있고, 해미의 손이 규칙적으로 움직이며 핸드잡을 해주고 있다. 그녀의 얼굴은 종수의 뒷머리에 바싹 붙어 있고, 약간 벌린 입이 종수의 귀에 닿아 있다. 그 자세로 그녀는 계속 손을 움직이며 최선을 다해 핸드잡을 하고 있다. 이윽고 종수가 절정에 이르자, 해미가 동작을 멈춘다. 그녀는 종수의 머리에 얼굴을 붙인 채 그가 느끼는 것을 똑같이 느끼고 있는 것 같다.

해미의 방 침대에 꼼짝 않고 누워 있는 종수. 반쯤 바지를 내린 채 태아처럼 다리를 구부린 아까의 자세 그대로이지만, 해미 없이 혼자 누워 있다. 해미가 가고 없다는 참을 수 없는 공허감이 그를 사로잡고 있다. 그의 눈에서 소리 없이 눈물이 흘러내린다.

창문 너머로 책상에 앉아 있는 종수가 보인다. 부지런히 노트북의 자판을 두드리며 소설을 쓰고 있다. 카메라가 조금 더 물러나면 해미의 방이라는 것을 알 수 있다. 카메라 점점 물러나면 해미의 옥탑방과 그 너머 저녁노을이 물든 서울 하늘 밑의 수많은 크고 작은 건물들이 보인다. 그중 하나의 창에서 소설을 쓰고 있는 종수.

자기 집 욕실의 거울 앞에서 콘택트렌즈를 끼는 벤. 거울 속 자신의 모습에 고정되어 있는 그의 시선은 자기애적 만족감과 함께 뭔가 아주 즐거운 일을 앞둔 듯한 흥분을 억누르고 있는 것처럼 보인다. 이윽고 장식장을 열고 화장 가방을 들고 나간다.

햇볕이 환한 거실에서 벤이 연주의 얼굴에 화장을 해주고 있다. 그의 얼굴은 어떤 의식을 치르는 것처럼 진지하다. 휴대폰 벨 소리가 들리지만, 벤은 화장을 계속한다. 작은 붓으로 여자의 입술에 립스틱을 바르는 동안 여자의 입술이 간지러움을 참고 있다. 휴대폰 벨이 계속되자, 벤은 발신자를 확인한 뒤 다시 화장을 계속한다.

비닐하우스들이 보이는 황량한 벌판에서 벤이 포르쉐 옆에 서서 누군가를 기다린다. 이윽고 저쪽에서 종수의 픽업트럭이 다가와 선다. 벤이 차에서 내리는 종수에게 다가가며 인사한다. "······종수 씨! 여기 비닐하우스 참 많네요." 그리고 늘 그렇듯 선의가 가득한 얼굴로 묻는다.

"……해미는 어딨어요?"

"……해미요?"

종수가 반문한다.

"해미하고 같이 보자고 했잖아요. 해미 같이 안 왔어요?"

말없이 종수는 벤을 쳐다본다. 뭔가 말할 수 없는 답답함이 그를 사로잡는다 싶은 순간, 느닷없이 종수는 칼로 벤을 찌른다. 한번, 두 번, 세 번 연거푸 복부를 찌른다. 벤이 비틀거리며 자기 차 쪽으로 달아난다. 차 문을 열려고 하는 그를 쫓아온 종수가 잡아서 다시 찌른다. 차에 기댄 채 벤이 종수의 몸을 안는다. 두 사람은 마치 포옹하는 듯한 자세로 몸을 붙이고 서서 서로를 쳐다본다. 마침내 벤의 몸에서 힘이 빠져나가며 주저앉는다. 늘어진 벤을 차 안으로 집어넣고 일어서는 종수의 옷은 온통 피로 젖어 있다. 그는 거칠게 숨을 헐떡이며 자기 차로 걸어가 플라스틱 통을 꺼내 들고 걸어온다. 통에 든 휘발유를 벤의 몸에 붓고, 차 안 여기저기 휘발유를 뿌린 뒤 빈 통을 차 안에 던져넣는다. 차 문을 닫으려다가, 피에 젖은 자신의 옷을 내려다보고는 옷을 벗기 시작한다. 피묻은 윗옷과 바지를 벗어 던지고, 잠깐 망설이다가 속옷까지도 다 벗어 던져넣는다. 완전히 벌거벗은 몸이 된 그는 벤의 지포라이터를 켜서 차 안으로 던져넣고 문을 닫는다. 그리고 자기 차로 걸어간다. 차에 탄 채로 종수는 잠시 앞을 보고 있

　　　　　　　　　　버닝 각본집

다가 이윽고 차를 출발시킨다. 벤의 차 가까이 가자 차창이 점점 밝아진다. 솟구치고 있는 불길이 차창에 비치며 종수의 차는 불길에 휩싸인 벤의 포르쉐를 지나친다. 종수는 계속 백미러로 그 불길을 쳐다보고 있다. 불길은 점점 멀어지고 종수의 얼굴은 차츰 어둠 속에 묻혀간다.

Original story: NAYA O YAKU
by Haruki Murakami
Copyright © 1984 Harukimurakami Archival Labyrinth
All rights reserved.
Originally published in Japan by SHINCHOSHA Publishing Co., Ltd. Tokyo.

버닝 각본집

2021년 12월 27일 초판 1쇄 발행
2022년 11월 15일 초판 2쇄 발행

지은이   오정미, 이창동

펴낸이   정상태
펴낸곳   도서출판 아를
등록   제406-2019-000044호 (2019년 5월 2일)
주소   10881 경기도 파주시 문발로 139, 407호
전화   031-942-1832
팩스   0303-3445-1832
이메일   press.arles@gmail.com

© 파인하우스필름(주) 2021
ISBN 979-11-973179-2-7 03680

아를ARLES은 빈센트 반 고흐가 사랑한 남프랑스의 도시입니다.
아를 출판사의 책은 사유하는 일상의 기쁨, 아름다움을 발견하는 즐거움을 드립니다.
• 페이스북 @pressarles • 인스타그램 @pressarles • 트위터 @press_arles